能源变革指数蓝皮书

2023 ENERGY TRANSITIONS INDEX BLUE BOOK

水电水利规划设计总院　彭博新能源财经 ◎ 著

·北京·

图书在版编目（CIP）数据

能源变革指数蓝皮书. 2023 / 水电水利规划设计总院等著. -- 北京 : 中国经济出版社, 2024. 12.
ISBN 978-7-5136-7932-9

Ⅰ. F426.2

中国国家版本馆 CIP 数据核字第 2024P4D965 号

策划统筹	姜　静
责任编辑	丁　楠
责任印制	马小宾

出版发行	中国经济出版社
印 刷 者	北京富泰印刷有限责任公司
经 销 者	各地新华书店
开　　本	889mm×1194mm　1/16
印　　张	6.75
字　　数	130 千字
版　　次	2024 年 12 月第 1 版
印　　次	2024 年 12 月第 1 次
定　　价	198.00 元

广告经营许可证　京西工商广字第 8179 号

中国经济出版社　网址 http://epc.sinopec.com/epc/　社址 北京市东城区安定门外大街 58 号　邮编 100011
本版图书如存在印装质量问题，请与本社销售中心联系调换（联系电话：010-57512564）

版权所有　盗版必究（举报电话：010-57512600）
国家版权局反盗版举报中心（举报电话：12390）　　服务热线：010-57512564

作者简介

水电水利规划设计总院简介

水电水利规划设计总院（China Renewable Energy Engineering Institute，CREEI）成立于1950年，是中国一流能源智库，也是国家能源局批准设立的首批能源研究咨询基地，受政府委托管理国家可再生能源信息管理中心、可再生能源定额站、国家能源水电工程技术研发中心、可再生能源发电工程质量监督站、水电流域综合监测信息管理平台以及中国—国际可再生能源署合作办公室等。水电水利规划设计总院致力于在可再生能源领域为政府高端决策和行业健康发展提供技术服务，承担行业规划、政策研究、技术管理、工程咨询、质量监督、标准管理和国际合作等相关工作。

彭博新能源财经简介

彭博新能源财经（BloombergNEF，BNEF）是一家致力于为能源领域专业人士开拓机遇的行业研究机构，研究范围覆盖清洁能源、先进交通、创新材料及大宗商品。凭借遍布全球的专家团队，彭博新能源财经向用户提供独家分析与见解，帮助决策者在瞬息万变的能源行业中把握良机。彭博新能源财经从全球最翔实的独家专有数据中获得精辟的洞见，清晰呈现新兴能源科技领域的投资经济性和政策趋势。

声明

版权声明

本蓝皮书版权归水电水利规划设计总院与彭博有限合伙公司——彭博新能源财经所有。未经双方事先书面同意，不得以任何方式进行复印、翻印、电子扫描及传播、转发或分发本蓝皮书的任何部分。

免责声明

本蓝皮书由水电水利规划设计总院（以下简称水电总院）与彭博有限合伙公司——彭博新能源财经（以下简称彭博）提供。本蓝皮书中的部分信息源自选定的公开来源。水电总院与彭博在提供信息时认为所使用的信息来源可靠，但不保证此信息的准确性或完整性，该信息或在不事先通知的情况下发生变化，本蓝皮书中的任何内容不应被解释为对前述内容的保证。本蓝皮书中的陈述反映了相关文章或专题的作者的当前判断，不代表水电总院和彭博的观点。部分数据因四舍五入的原因，存在总计与分项合计不等的情况。水电总院与彭博不承担因使用本蓝皮书、其内容和/或本服务而产生的任何责任。本蓝皮书中所述不构成、不可被解释为提供了某种金融工具，也不构成水电总院与彭博对投资或其他策略（例如是否要"购买""出售"，或"持有"投资）的投资建议或推荐意见。通过本蓝皮书获得的信息并未考虑任何个人情况，不应被视为可以作为投资决策基础的充分信息。本蓝皮书以中文和英文两种语言出版。如有任何不明之处，应以中文版本为准。

编委会
Editorial Board

主　　　任　　李　昇　易跃春

副 主 任　　赵增海　顾洪宾　张益国

主　　　编　　赵增海　姜　昊　朱方亮

副 主 编　　韩　冬　辛颂旭　宋述军　周世春　刘建东
　　　　　　　　霍晶莹　李少彦

编写人员　　邓振辰　周　力　谢越韬　夏　婷　郝　宇
　　　　　　　　赵心宇　任　艳　寇楠楠　赵　越　弭　辙
　　　　　　　　郭珍妮　石　清　秦　潇　赵天依　崔正辉
　　　　　　　　赵　乔

前言
Preface

能源是人类文明进步的基础和动力，从薪柴到煤炭、从油气到电气，人类追求能源的脚步从未停歇。工业革命以来，以化石能源为主的能源生产和利用方式逐渐显露弊端，能源安全、气候变化、环境污染、能源贫困等全球性挑战日益严峻。为了人类文明的永续发展，一场全球范围的能源变革已经迫在眉睫。21世纪以来，加快清洁、低碳、普惠、可负担、公正和可持续的能源变革已逐步成为国际社会的普遍共识与一致行动。然而，能源变革是一项涉及经济社会各个领域的系统工程，不可能一蹴而就，各国在推动能源变革的过程中仍然面临诸多挑战。

本蓝皮书以能源变革为核心议题，从能源消费、能源供给、能源技术、能源体制、国际合作五个维度，深入剖析能源变革关键因素，建立能源变革指数量化评估体系，对各国能源变革的进展情况和整体表现进行客观、全面的评估，并梳理总结全球各国现有能源变革经验和不足。在此基础上，基于《巴黎协定》目标，通过情景分析等方法识别各国和地区当前存在的差距，深入分析全球能源变革面临的挑战，提出有针对性的发展建议。

本蓝皮书由水电水利规划设计总院和彭博新能源财经共同编写，希望为加快全球能源变革提供有益参考。本蓝皮书不代表任何国家的观点。

作　者

2023 年 11 月

目录
Content

1	背景	1

2	评估方法	5
	2.1 指数框架及评估流程	6
	2.2 能源变革指数各个分指数基本情况	8
	2.3 评价原则	14
	2.4 数据来源	15

3	评估成果	17
	3.1 能源消费	18
	3.2 能源供给	39
	3.3 能源技术	50
	3.4 能源体制	55
	3.5 国际合作	60
	3.6 综合评估	67
	3.7 典型国别分析	69

4	能源变革展望	75	4.1	目标与差距	76
			4.2	问题与挑战	86
			4.3	路径与建议	89

5	结语	97

1 背景
Background

能源变革指数蓝皮书 2023
Energy Transitions Index Blue Book 2023

能源是人类文明进步的基础和动力，攸关国计民生。当今世界，能源发展面临诸多重要挑战，应对气候变化、保障能源安全、降低资源依赖、缓解能源贫困等都是迫切需要解决的重大问题。

气候变化对人类的影响是深远且多方面的。首先，气候变化导致极端天气事件（如洪水、干旱、热浪和强烈风暴）的频率和强度增加。这些极端天气不仅威胁人类生命安全，也对农业生产造成重大影响，进而影响食物安全和水资源。其次，气候变化加剧了海平面上升，威胁着沿海和低洼地区的居民。海平面上升不仅会导致海岸侵蚀和盐水入侵，还可能引发更严重的洪灾，影响数百万人的居住和生计。再次，气候变化还对人类健康构成威胁。变暖的气候加速了某些传染病的传播，如蚊子传播的疾病。热浪和空气污染增加了呼吸系统疾病和心血管疾病的风险。同时，气候变化对精神健康也有影响。最后，气候变化导致的环境变化迫使许多人离开他们的家园，成为气候难民。这不仅给个人带来巨大的经济和情感负担，也给接收国和国际社会带来社会、经济和政治上的挑战。气候变化是一个全球性问题，它不仅影响自然环境，更直接影响人类的生存、健康和未来发展。2022 年全球平均温度较工业化前水平（1850—1900 年平均值）高出 1.13℃，2023 年 7 月全球日平均最高气温多次刷新纪录。除非立即、迅速和大规模地限制化石能源消费增长，控制温室气体排放，否则《巴黎协定》的温控目标将难以实现。

能源安全是确保国家稳定和经济发展的关键因素。能源是驱动工业、交通、通信和家庭生活的基础，对维持现代社会的正常运转至关重要。能源供应的不稳定或中断可能导致严重的经济后果，如生产减缓、交通受阻和通信中断。能源安全直接关系到国家的经济独立和政治稳定。过度依赖进口能源可能使国家容易受到国际市场波动和政治冲突的影响，增加经济和政治风险。极端气候现象给能源安全更是带来显著和多维度的影响：供应链中断、能源需求波动、运营成本增加等，给能源政策和市场带来极大的不确定性。百年未有之大变局正在深刻重塑着世界能源版图，让各国政府、居民和投资者都意识到了保障能源安全、促进能源转型的必要性以及艰巨性。

缓解能源贫困对于全球可持续发展至关重要。首先，可以改善基本生活条件：能源是现代生活的基础，对于提供清洁的饮用水、基本的卫生设施、有效的烹饪和供暖方式至关重要。缓解能源贫困有助于改善数百万人的生活条件，降低健康风险，提高生活质量。其次，促进教育和社会包容：能源接入对于教育至关重要，特别是夜间照明和信息通信技术的使用。这能够提高教育质量和可及性，促进社会包容和性别平等。再次，促进经济增长并提供就业机会：提供可靠和负担得起的能源可促进经济活动，创造就业机会。这对于提高生产力、增加收入和减少贫困至关重要。最后，提高韧性和适应性：提高能源的可及性和负担能力有助于社区对抗极端天气事件和气候变化的影响，提高其韧性和适应性。缓解能源贫困不仅是一项社会责任，也是实现全球可持续发展目标的重要组成部分。通过提供可持续的能源解决方案，可以在全球范围内创造更加公平、包容和繁荣的社会环境。

为应对上述挑战，更加快速和深刻的能源变革势在必行。因此，亟须对能源变革发展现状及动力进行评估。本蓝皮书从能源消费、能源供给、能源技术、能源体制和国际合作五个维度入手，综合评估能源变革发展现状，进一步结合 BNEF《新能源市场长期展望报告 2022》中采用的经济转型情景和净零情景，分析变革目标与当前发展现状的差距，提出加快能源变革发展的相关建议。

2 评估方法
Assessment Methodology

2.1 指数框架及评估流程

能源变革指数表征各国推动能源变革的进展情况和整体表现，主要评估各国在促进低碳、绿色、可持续发展，保障能源安全，提升能源效率，以及广泛团结、促进国际合作和一致行动等方面的表现，是一项综合评估能源变革现状和进程的指标及评估体系。能源变革指数由五个分指数构成，分别是能源消费变革指数、能源供给变革指数、能源技术变革指数、能源体制变革指数和国际合作变革指数。每个指数包含若干关键指标，这些指标刻画了能源结构、能源安全、能源效率、能源技术、可再生能源发展、碳排放控制、能源政策和国际合作等方面的发展现状及变革动力。

在全面分析影响能源变革发展因素和全球能源发展现状的基础上，能源变革指数坚持科学、全面、客观、权威、持续五项原则，从能源消费、能源供给、能源技术、能源体制、国际合作五个维度构建评估体系。评估体系以17个准则层、90项表征能源变革现状和潜力的底层指标为基础，通过专家调查法赋予权重，最终计算得出能源变革指数，以对各国能源变革进行客观、全面的评估（见图2-1）。

能源变革指数评估流程如下。

确定评估范围：明确要评估的国家范围。综合考虑经济发展状况、人口、能源产消量等因素对全球能源系统的影响，确定评价国家范围，最终选取65个重点国家进行评估，并对全球范围的变革进行总体评估。

构建指标体系：从能源消费、能源供给、能源技术、能源体制、国际合作五个维度，选取90项量化指标，建立指标体系。

收集指标数据：多渠道收集数据，开展数据清洗和校核，确保数据的准确性、完整性、可靠性、权威性。

计算变革指数：对全部65个国家涉及的能源消费、能源供给、能源技术、能源体制以及国际合作五个维度的90项指标进行能源变革指数计算，统计各项得分、综合得分，进行国家能源变革指数排名。一是关键因素赋值，对于部分非数值型的指标进行量化赋值处理。二是数据标准化，旨在消除不同变量之间性质、量纲、数量级等特征属性的差异，将其转化为一个无量纲的相对数值，也就是标准化数值，使各指标的数值都处于同一个数量级别上，以便不同单位或数量级的指标能够进行综合分析和运算。主要采用的方法包括：排名区间隶属度法和极差法。三是确定指标权重，基于收集到的数据和信息，构建能源变革指数的评价体系，确定各个维度和指标的权重。各指标权重初步确定后，需要进行试算并采用专家调查法邀请跨学科专家对权重结果进行评审，以优化指标权重。

分析评价结果：统计分析各国在不同维度和指标上的评价成果。

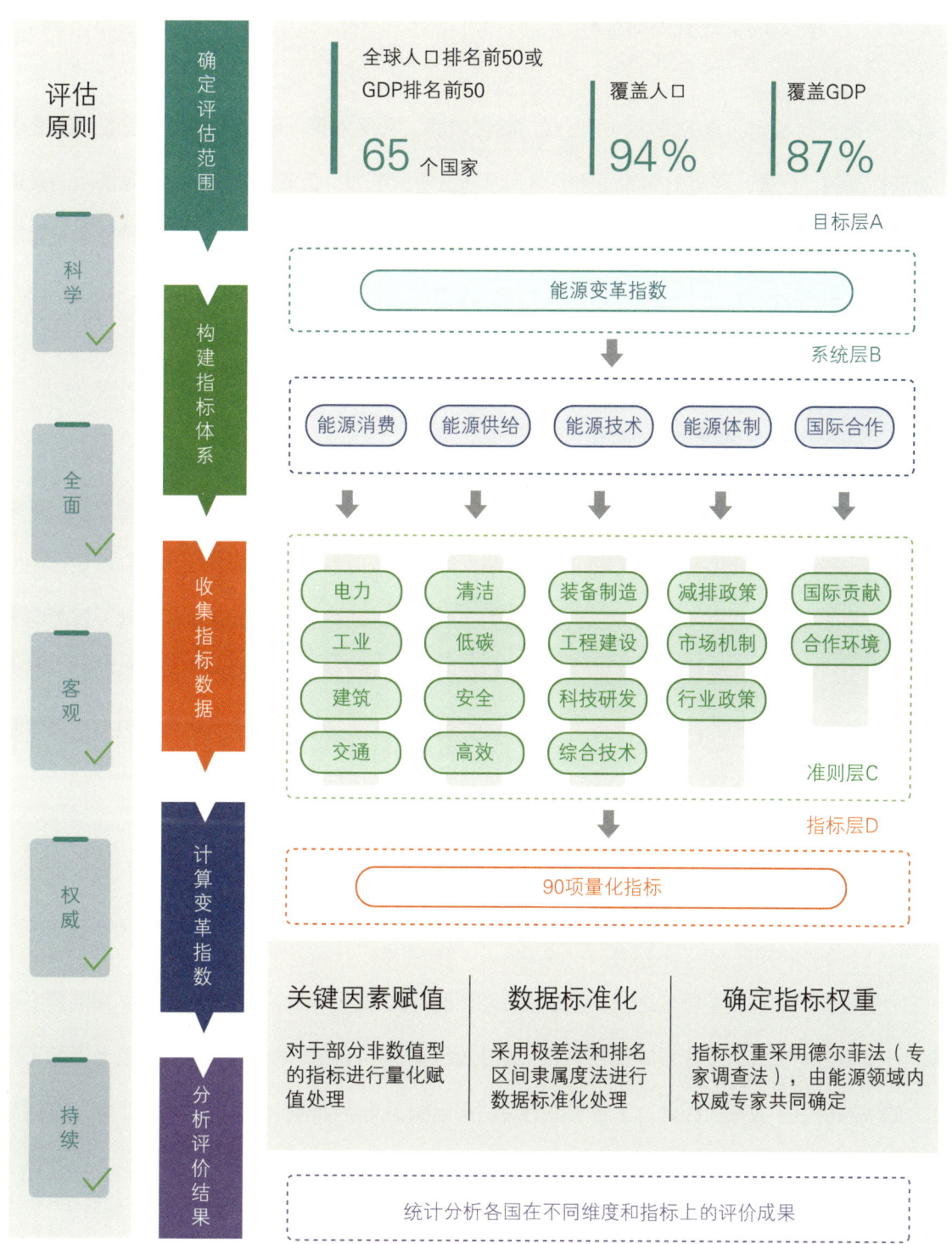

图 2-1　能源变革评估关键流程及指标体系示意

2.2 能源变革指数各个分指数基本情况

2.2.1 能源消费变革指数

能源消费主要涵盖能源的终端利用形式、转化效率、利用效果。能源消费变革指数鼓励提倡低碳、清洁、高效、便捷、普惠的能源消费场景，评估主要从电力、工业、建筑、交通等能源消费重点领域入手，考察涵盖能源消费总量、能源消费结构、能源使用效率、电气化水平、碳排放强度等重要指标。

(1) 电力领域

电力是未来能源转化和利用的主要能源品种，终端用能的电气化是高效用能的重要途径，是大规模利用可再生能源、降低化石能源依赖的必由之路；电力市场机制对高效配置资源起到重要作用；电力基础设施是电力发展的根本，也决定了国家电力工业发展的阶段，鼓励加强智能电网、智能电表等基础设施建设；电力结构表征发展趋势，主要考察化石能源和可再生能源的占比及利用效率，鼓励环境友好可持续型电力系统的构建。因此，在电力领域的评估中，主要考察电气化率、电力市场体制机制、电力基础设施发展水平、电价水平、电力电量消费结构等指标。

(2) 工业领域

工业是能源消费的重要领域之一。工业领域能源消费的总量、结构、增速、效率、清洁程度等对能源消费变革影响较大，工业领域发展水平、碳排放水平也为能源技术创新、能源装备制造和工程建设能力的发展提供了支撑。因此，工业领域的评估采用能源消费结构、总量、增速，工业发展指数等指标。

（3）建筑领域

建筑领域能源消费与居民生活息息相关，也是终端能源消耗的核心领域。建筑的能源消费形式以供热（冷）为主，涵盖温控、工作、娱乐、照明、通风、烹饪等负荷，其中供热（冷）占比最大，发达国家建筑能耗一般占全社会终端能耗的40%以上，建筑领域能源消费深刻影响全社会能源消费质量。清洁供暖、高效隔热，以及先进供热技术产品如热泵等使用率，对于建筑领域能源高质量消费有着深刻影响。因此，主要采用清洁能源供热（冷）占比、热泵使用情况、燃气利用占比、电气化率、建筑能耗价格等指标评估建筑领域的能源变革情况。

（4）交通领域

交通领域是正在快速推进能源消费变革的重要领域，也是最具变革潜力的领域。新能源汽车与绿氢为交通领域能源清洁、低碳、高效消费提供了重要的转型途径，包括公路交通、铁路交通、航海、航空等燃料的转型升级浪潮正在席卷全球。因此，在交通领域考虑采用新能源车销售量、充电桩等基础设施建设情况、交通电气化转型的支持政策、油价与电价比、交通能源消费的碳排放量等指标来评估交通领域的能源变革情况。

综上，能源消费变革指数所采用的底层指标总计19个。

2.2.2 能源供给变革指数

能源供给变革指数评估主要考察能源的生产转化和运输供应过程是否清洁、低碳、安全、高效。评估的底层指标主要从能源的生产结构、生产体系、市场机制等方面进行筛选，鼓励运用清洁、低碳、安全、高效的能源生产供应方式，具体来说主要指标包括：一次能源生产结构是否符合转型发展方向、能源生产和传输过程中产生的碳排放强度、能源生产转换效率、能源供给的保障水平、能源供给质量和可靠性、电力覆盖率等。

(1) 清洁

能源清洁供给的核心是构建以可再生能源为主体的新型能源体系，包括太阳能、风能、水能、生物质能等。核心指标包括可再生能源的装机容量和发电量占比，年新增可再生能源装机容量、发电量，与能源生产相关的污染物排放情况等。

(2) 低碳

低碳能源是以减少温室气体排放和碳足迹为目标，一方面考察低碳能源在能源供给中所占的比例，另一方面考察能源开采、加工、转化、运输过程中温室气体排放总量、排放强度。同时，加入低碳能源近年的占比增速转型指标。

(3) 安全

能源安全的内涵是能源供给的可靠性、稳定性、连续性、安全性、多元性，包括能源自给率、能源供给稳定性、电力供给覆盖率、电力供给稳定性等指标。

(4) 高效

高效性包括从一次能源到终端能源的高效性，也包括一次能源到有效能源的高效性，衡量的是能源开发、转换、输送和利用的效率，以减少能源无效消耗和浪费，提高整体能源利用效率。同时，考察市场是否发挥资源配置主体作用，具体包括能源强度、弃电风险、能源输送效率、能源集约化利用能力、保障能源效率的市场机制作用等指标。

综上，能源供给变革指数所采用的底层指标总计15个。

2.2.3 能源技术变革指数

（1）装备制造

先进的装备制造能力是能源技术发达的集中体现，是实现能源转型的基础和前提。可持续的装备制造产出能力和应用部署，对于保障能源转型供应链安全具有重要意义。装备制造准则层下指标主要包括各国光伏组件及风电机组产能、氢能及电池产业链发展水平、电力设备进出口等。

（2）工程建设

强大的项目开发和工程建设能力是能源技术运用的重要载体，只有具备优秀的建设企业、精干的人员队伍、完善的标准体系、高效的管理模式，通过高质量的设计施工，以技术装备为基础，规模化展开工程实践，才能促进能源转型落到实处。工程建设准则层下指标主要包括《工程新闻记录》（Engineering News-Record，ENR）公布的世界各国工程设计商及承包商数量及排名、水风光及输变电专业工程设计商及承包商数量及排名等。

（3）科技研发

精尖的科技创新和攻关能力是促进技术进步和推动能源加速转型的持续动能。在能源变革的进程中，现有装备路线和工程技术会不断遇到新的困难与挑战，这既包括客观物理规律方面的制约，也包括成本下降方面的瓶颈，因此仍需以问题为导向展开前瞻性科技研发投入，优化甚至颠覆现有能源转型路径，以技术更新技术，以创新取代创新，不断巩固能源转型成果。科技研发准则层下指标主要包括各国与可再生能源有关的专利合作条约（Patent Cooperation Treaty，PCT）专利公布数量、未上市新能源创新企业融资额、中高端制造业生产及出口占比、联合国工业发展组织（UNIDO）工业竞争力绩效（Competitive Industrial Performance，CIP）指数、QS电子电气工程专业大学排名及数量等。

以上能源技术转型三个维度的作用，可以类比经典 PID（Proportional-Integral-Derivative，比例—积分—微分）控制策略。其中，先进装备制造对能源转型起到放大作用，可以加快能源转型进程，类似比例环节；高质量建设工程对能源转型起到聚集作用，可以累积能源转型成果，类似积分环节；科技创新研发对能源转型起到预判作用，可以前瞻能源转型方向，类似微分环节。三个环节相互配合可以共同保证能源变革过程的快速性、准确性及稳健性。

(4) 综合技术

考虑到部分数据指标综合反映以上三种能力，无法拆分归类，因此纳入"能源转型综合技术能力"准则层，指标主要包括全球新能源企业 500 强峰会公布的新能源企业 500 强排名及数量、新能源电力及电动汽车上市公司市值及销售额等。

综上，能源技术变革指数所采用的底层指标总计 19 个。

2.2.4 能源体制变革指数

能源体制方面的评估，侧重考察各层面能源体制政策的完整性、透明性、可行性，分别从减排政策、市场机制、行业政策等方面进行评估。

(1) 减排政策

围绕各国参与《巴黎协定》及宣布的各项减排承诺，从国家自主贡献目标、净零政策、碳中和目标等情况评估国家层面减排目标和净零政策，反映国家整体能源体系变革力度，具体包括国家自主贡献目标覆盖率、国家自主贡献目标更新、净零政策、双碳目标实现时间差、长期战略等 5 个指标。

(2) 市场机制

评估一次能源、二次能源、碳排放、电动汽车等相关产品交易中，市场机制的完整、高效、便捷、普惠性，以及市场机制的激励作用。完善的市场机制有利于促进社会资源合理分配，激发市场主体积极性，提高社会减排和能源转型效率。具体指标包括标准化购买力平价协议、电动车购买奖励措施、峰值容量采购、化石燃料价格扭曲—补贴、购电协议（Power Purchase Agreement，PPA）期限、零售市场自由化、双边电力合同、获得电力、碳配额等促进低碳能源转型的相关政策体系和市场化机制等 9 个指标。

(3) 行业政策

评估各行业（如电力、交通、建筑、储能等）行业政策和标准制定情况，主要考察行业政策是否完善、行业标准是否成熟、行业发展目标是否明确、行业监管体系是否完善、政策是否能有效促进能源转型等，具体包括储能特定的监管框架、贷款或赠款的可获得性、零售许可证、能源效率计划、建筑能源性能标准、企业碳减排政策、清洁交通目标、透明电网扩展计划、发电许可证豁免、可再生能源绿色消费市场建设水平、绿色电力证书等 11 个指标。

综上，能源体制变革指数所采用的底层指标总计 25 个。

2.2.5 国际合作变革指数

全球能源变革是一项复杂而艰巨的任务，既面临技术、供应链等方面的瓶颈和挑战，也面临各国资源禀赋和发展阶段的巨大差异，亟须加强国际合作，保障技术、资金的畅通流动，以及产业链、价值链的深度融合，集众智、聚合力，共同推动全球能源变革。其中，资金、技术和供应链等方面的支持和贡献是国际合作的重要推动力，而友好的政治经济环境则是国际合作的重要条件。

(1) 国际贡献

主要评估国家对全球能源变革的直接和间接贡献，包括清洁能源产品生产能力和出口量、能源变革投资等，具体指标为电芯与光伏组件产能、风机出口量、近 5 年能源变革投资额等。

(2) 合作环境

主要评估国家环境是否能够吸引更多的外商投资、是否能够提高能源转型项目的效率和效益、是否能够保障项目安全稳定开展、是否能够增强合作伙伴之间的互信互惠等。具体指标包括货币波动、外商投资比例、国家主权信用评级、营商环境和政治治理环境等。

综上，国际合作变革指数所采用的底层指标总计 12 个。

2.3 评价原则

能源变革指数的体系构建、指标选取、数据处理、评估计算，遵循全面性、可比性、权威性、客观性、持续性、适应性原则。

(1) 全面性原则

能源变革是一项复杂的系统工程，需要从多个维度综合考量。确保指标的综合性，包括能源消费、能源供给、能源技术、能源体制、国际合作五个维度，以全面展现国家能源转型情况。

(2) 可比性原则

确保指标设计具有可比性，使不同国家的能源转型情况可以进行直接比较。需要选取一致的数据来源、统一的计量单位和相似的评估方法。

(3) 权威性原则

采用来自权威机构、独立第三方发布的数据和信息作为依据，如国际能源署（IEA）、世界银行（WB）、联合国（UN）等，确保数据来源可靠和公正。

(4) 客观性原则

采用客观的数据和客观的指标进行评价，避免主观判断和个人偏见的影响。

(5) 持续性原则

能源变革是一个动态的过程，评价应该具有持续性，随着时间的推移进行更新和调整，以反映能源转型的发展变化。

(6) 适应性原则

尊重各国国情，统筹考虑各国各地区发展阶段和发展基础的差异，注重评估的适应性。

2.4 数据来源

为保证数据的权威性、客观性，能源变革指数数据来自各国政府、世界银行、联合国、国际能源署、国际可再生能源署（IRENA）、国际货币基金组织（IMF）、世界知识产权组织（WIPO）、世界卫生组织（WHO）、英国石油公司（BP）、全球经济数据平台（Trading Economics）、美国工程新闻记录网（ENR）、QS世界大学排名、中国能源经济研究院、各上市公司公告等。

3 评估成果

Assessment Results

3.1 能源消费

3.1.1 全球发展现状

(1) 能源消费结构及趋势

非化石能源消费较快增长，化石能源仍占据主导地位。 2022 年，全球一次能源消费总量为 610EJ（见图 3-1），近 10 年年均复合增长率为 1.1%。化石能源消费总量为 498EJ，占比为 81.6%，近 10 年年均复合增长率为 0.7%。非化石能源（含核能）消费总量为 112EJ，占比为 18.4%，近 10 年年均复合增长率为 2.7%；其中可再生能源消费总量为 82EJ，占比为 13.4%，近 10 年年均复合增长率为 3.2%。

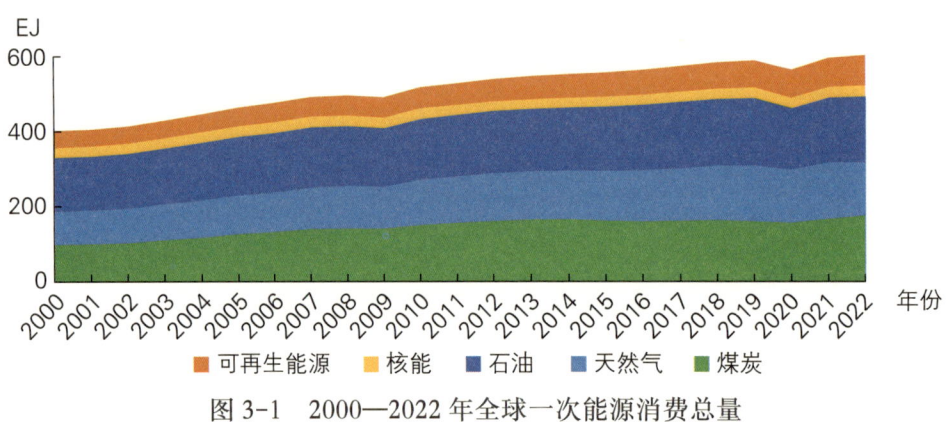

图 3-1 2000—2022 年全球一次能源消费总量

非化石能源终端消费有序下降，终端电气化水平稳步提升。 2022 年，全球终端能源消费总量为 424EJ（见图 3-2），近 10 年年均复合增长率为 1.0%。化石能源消费总量为 281EJ，占比为 66.3%，近 10 年年均复合增长率为 0.7%。非化石能源（含电能、氢能）消费总量为 143EJ，占比为 33.7%，近 10 年年均复合增长率为 1.7%；其中，电能消费总量为 86EJ，占比为 20.4%，近 10 年年均复合增长率为 2.2%。2022 年建筑、工业、交通领域终端电气化率分别为 34%、23%、1%，交通领域终端电气化率提升空间巨大。2000—2022 年全球终端能源消费结构见图 3-3。

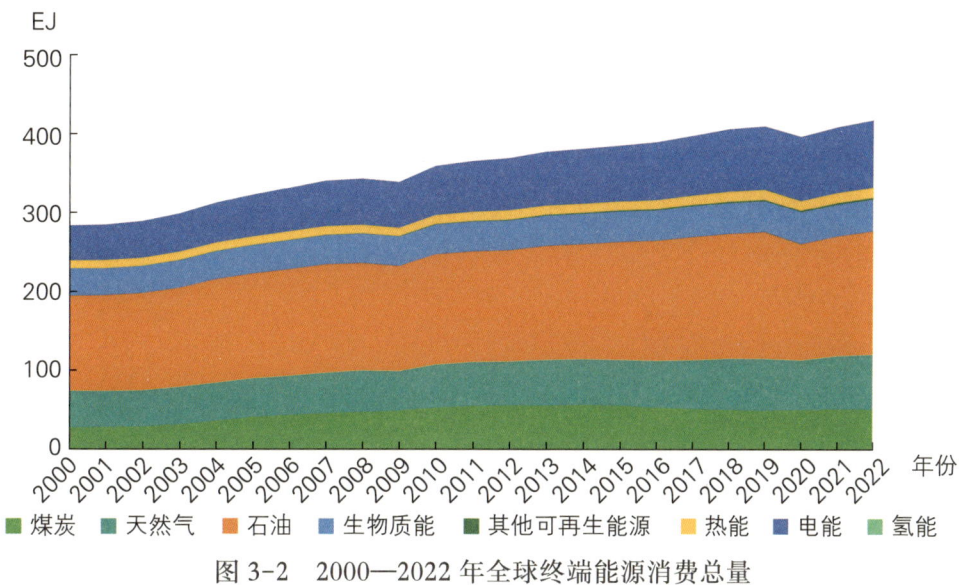

图 3-2　2000—2022 年全球终端能源消费总量

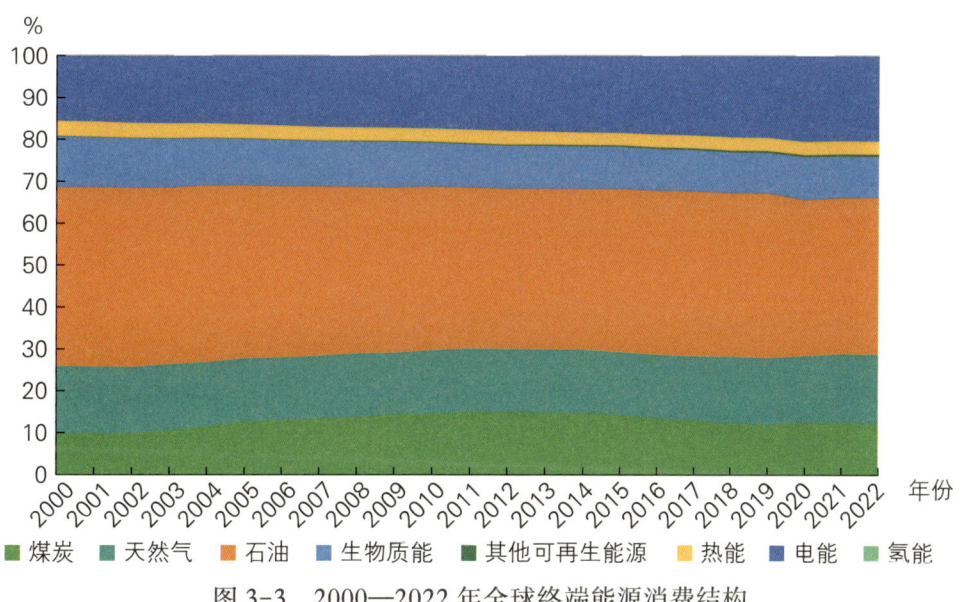

图 3-3　2000—2022 年全球终端能源消费结构

(2) 能源使用效率

能源强度稳步降低，能源效率亟待提升。 能源效率也被称为 "第五能源"，是所有能源品种中最廉价、最清洁的。美国能源效率经济委员会（ACEEE）研究表明，节约 1 千瓦时电的平均成本是 2.8 美分，而在美国，1 千瓦时电的零售成本为 10 美分。因此，降低能源强度、提升能源效率至关重要。全球能源平均强度从 2000 年的约 8MJ/美元降低至 2022 年的约 6MJ/美元（见图 3-4），近 20 年来能源强度显著降低；分领域来看，工业、建筑、交通三大领域的能源效率均在逐步提升，建筑和交通领域的能源效率提升较快，工业领域产业众多、难以形成统一突破口，因此能源效率提升较慢（2000—2022年全球分领域能源强度变化情况见图3-5）；一次能源到终端能源和一次能源到有效能源的效率在2000—2022年分别稳定维持在69%~70%、47%~48%（见图3-6），但能源效率总体并无明显提升，亟须通过能源技术与管理水平的提升促进能源高效利用。

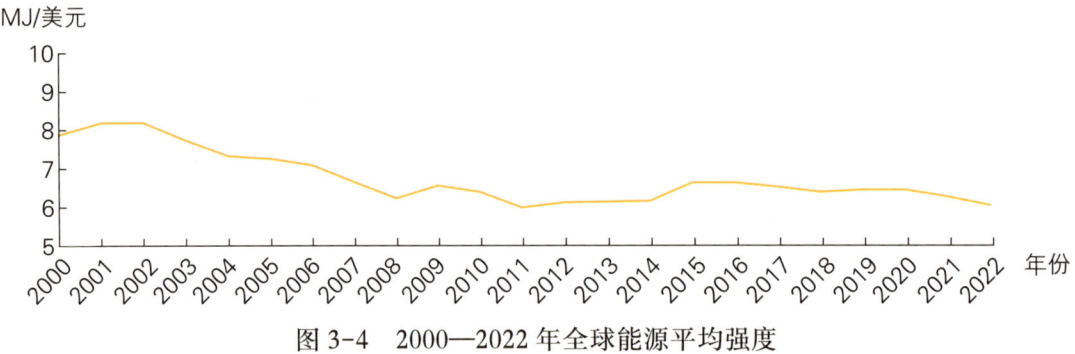

图3-4　2000—2022年全球能源平均强度

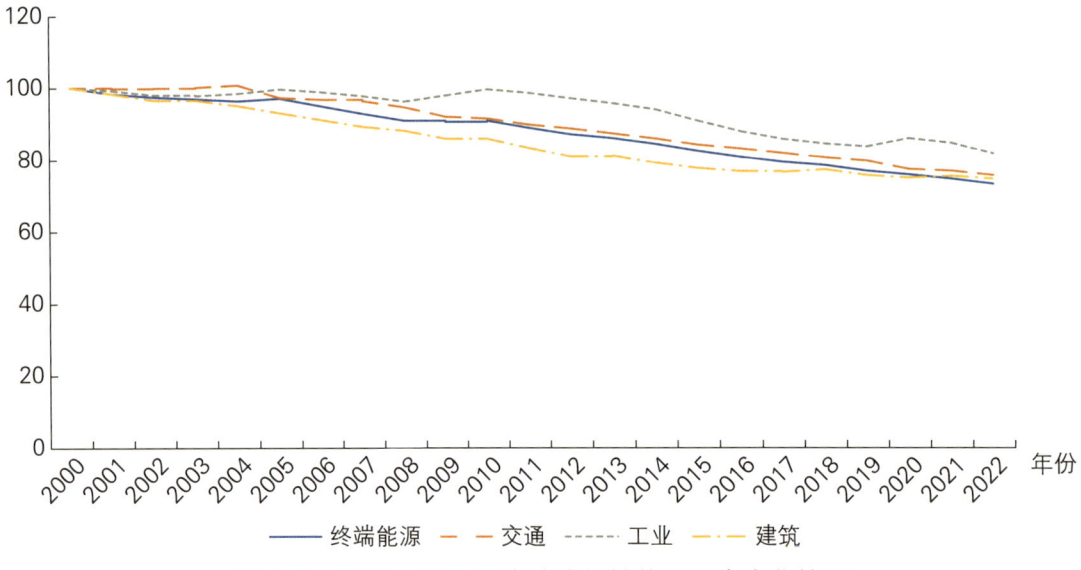

图3-5　2000—2022年全球分领域能源强度变化情况

数据来源：IEA。

注：各领域数据以2000年为基准（=100）进行标准化。

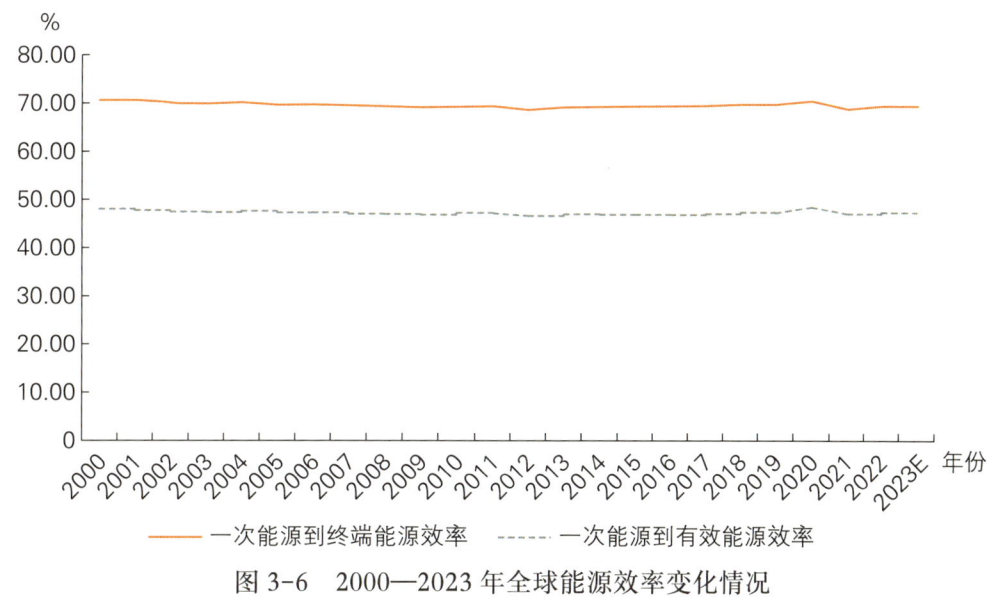

图 3-6 2000—2023 年全球能源效率变化情况

> **小贴士**
>
> 全球能源效率提升较缓慢存在多种因素。
>
> 能源消费结构变化：全球能源消费结构不断变化，从传统的石油、煤炭等转向了更加清洁的天然气、可再生能源等，但可再生能源的利用效率提升仍有赖于科技创新。虽然从整体来看，能源效率有所提升，但各国之间的能源消费结构和能源效率水平仍存在显著差异，进展较缓慢。
>
> 技术进步：随着技术的不断进步，许多行业都在逐步提高能源效率，例如汽车、工业和建筑等。这些技术的进步有助于降低能源消耗和减少能源浪费，但从全球范围来看，仍有许多欠发达地区采用焚烧生物质燃料等落后的能源利用方式，局部范围的进步还不足以显著改善整体能源效率水平。
>
> 经济发展：随着经济的发展，能源需求也在不断增加。在一些发展中国家和新兴经济体，由于工业化进程加快，能源需求增长速度较快，但能源资源禀赋的差异导致利用技术和管理水平仍然相差较大，部分资源禀赋好的国家能源效率改善动力不足，部分发达国家已经通过提高能源效率成功控制了能源消费增长。
>
> 政策和法规：许多国家和国际组织都采取了各种政策和法规以促进能源效率提高。例如，欧盟的能源效率指令（EU）2023/1791 要求成员国采取措施提高能源效率并减少对化石燃料的依赖。这些政策和法规的实施有助于提高全球整体能源效率水平，但政策传导链较

长，需要一定的时间才能看到明显的效果。

未来，需要继续促进技术进步和加强政策措施，进一步提高全球能源效率，为能源转型提供强大支撑。

(3) 电力消费和终端能源电气化

终端能源电气化水平不断提高，交通领域电气化率提升空间巨大。 终端能源电气化对于提高能源效率、促进可再生能源利用、推动能源变革和促进经济发展均具有重要意义，是未来能源发展的重要方向。自 2000 年以来，全球终端用能电气化发展迅速。终端用能电气化率从 2000 年的 16% 增长到 2022 年的 20% 左右，显示了电气化进程的稳步推进。2022 年电能终端消费总量为 86EJ，占终端能源消费的比重为 20%。2022 年电力消费总量同比增长 3%，近 10 年平均增速为 2%，远高于能源消费总量的增长速率（1%）。2022 年建筑、工业、交通领域终端用能电气化率分别为 34%、23%、1%（见图 3-7）；交通领域终端用能电气化率提升空间巨大。

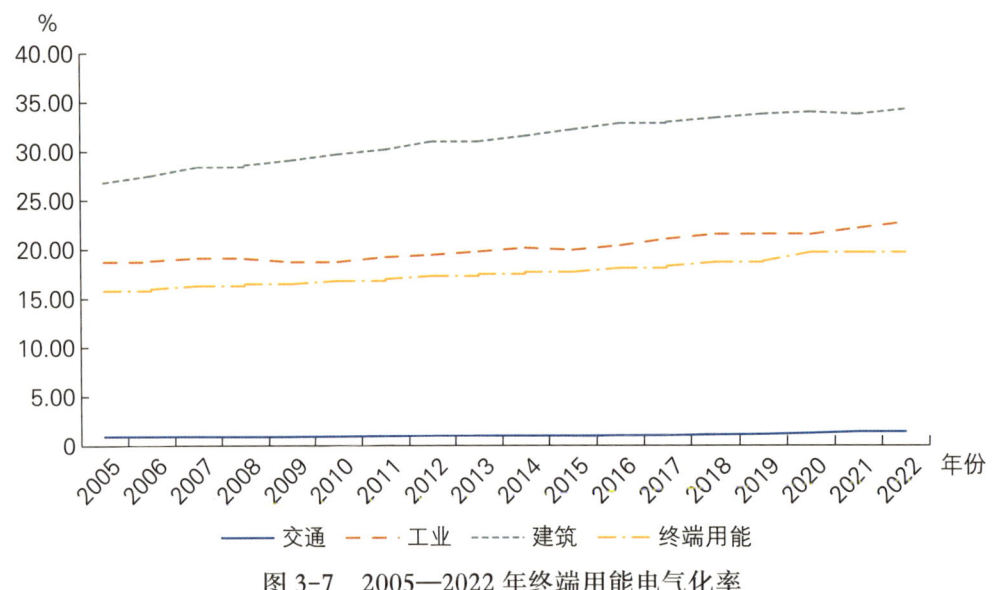

图 3-7　2005—2022 年终端用能电气化率

数据来源：水电总院、BNEF、IEA。

2022 年，各国和各行业电气化势头强劲。 取得的显著进展主要有：①中国电动汽车（EV）销售占比达到 29%，政府制定的 2025 年新能源汽车销量占比 20% 的目标提早实现；②法国和美国热泵销量均超过了化石燃料供暖系统；③印度在册电动三轮车数量超过 50%。

> **小贴士**
>
> 终端能源电气化对于能源变革具有重要意义，主要体现在以下方面。
>
> **提高能源效率**：终端能源电气化一方面可以通过将各类一次能源规模化、集约化地转换为电能，提高能源的转化效率；另一方面，因电能的输送和分配相比其他形式的能源更加高效，也可以降低能源在输配过程中的损失。
>
> **促进可再生能源利用**：终端能源电气化可以促进可再生能源的大规模高质量开发利用。电能可以高效地远距离大功率输送，使得分布不均的可再生能源能够在更大范围内得到利用。同时，随着抽水蓄能、新型储能等储能方式的大规模应用，能够进一步提高可再生能源发电的经济性和并网友好性。
>
> **促进经济发展**：终端电气化可以促进经济发展。电能作为现代社会的基础能源，它的广泛应用可以带动相关产业的发展，如电力设备制造、智能电网建设等，从而推动经济的发展。

（4）温室气体排放[①]

电力、工业行业的温室气体排放占比较大，增长较快。 2022 年，全球能源领域二氧化碳排放量约为 36.8 Gt，2019—2022 年年均复合增长率为 0.55%。其中，电力、工业、交通、建筑和其他领域二氧化碳排放量分别为 14.65Gt、9.15Gt、7.98Gt、2.97Gt 和 2.05Gt，占比分别约为 40%、25%、22%、8% 和 5%，2019—2022 年年均复合增长率分别为 1.36%、1.46%、−1.14%、0.68% 和 −2.33%。2019—2022 年能源相关四大领域全球二氧化碳排放量见图 3-8。

---

① 数据来源：IEA，CO_2 Emissions in 2022（2022 年二氧化碳排放情况）。

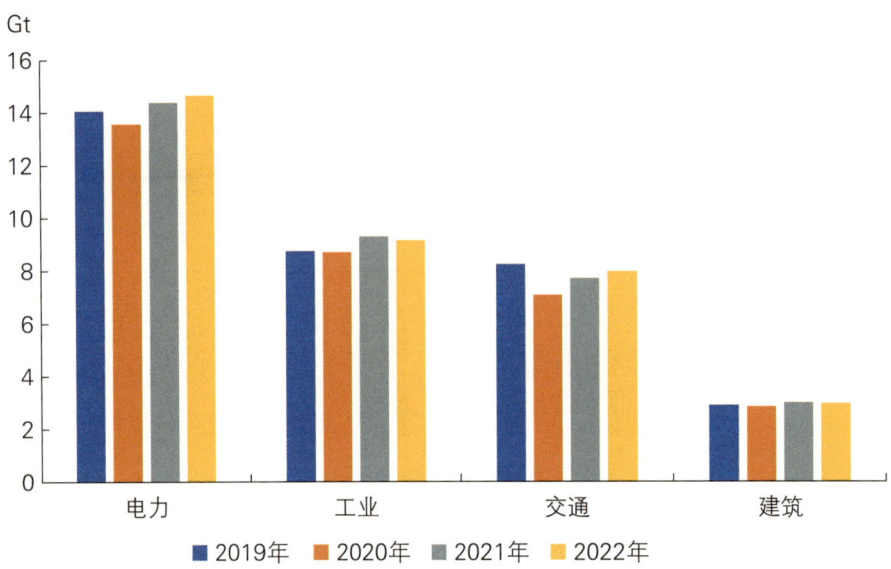

图 3-8　2019—2022 年能源相关四大领域全球二氧化碳排放量

数据来源：IEA，CO_2 Emissions in 2022（2022 年二氧化碳排放情况）。

（5）工业领域

化石能源主导工业领域能源消费，电能替代快速增长。 2022 年，工业领域能源消费占全球终端能源消费的 39%[①] 左右；其中，煤、石油、天然气、电能、热能、生物质能 2000—2022 年年均复合增长率分别为 2.93%、1.30%、1.71%、3.08%、2.54%、2.44%；工业领域的能源消费主要集中在钢铁、水泥、化工、造纸、电解铝等产业。2022 年，全球工业用能约 166EJ，其中，煤、石油、天然气、电能、热能、生物质能分别约为 47EJ、32.3EJ、29.8EJ、37.8EJ、7.3EJ、11.9EJ（见图 3-9），占比分别约为 28.30%、19.45%、17.94%、22.76%、4.39%、7.16%，化石能源约占工业能源消费的 2/3；电力在工业用能中的占比由 2000 年的 19.34% 上升 3.41 个百分点至 2022 年的 22.76%（见图 3-10），工业用能结构逐步改善。

---

① 数据来源：IEA，BNEF。

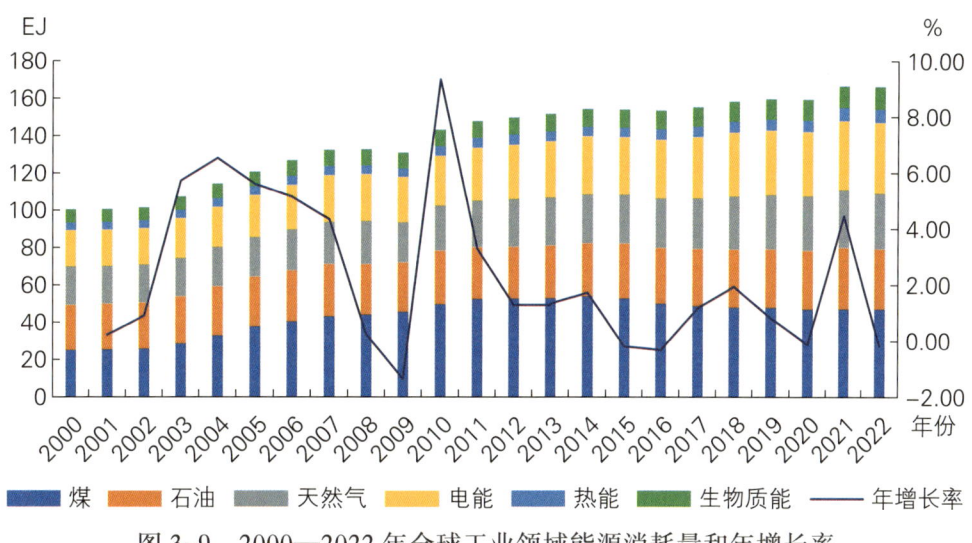

图 3-9　2000—2022 年全球工业领域能源消耗量和年增长率

数据来源：IEA。

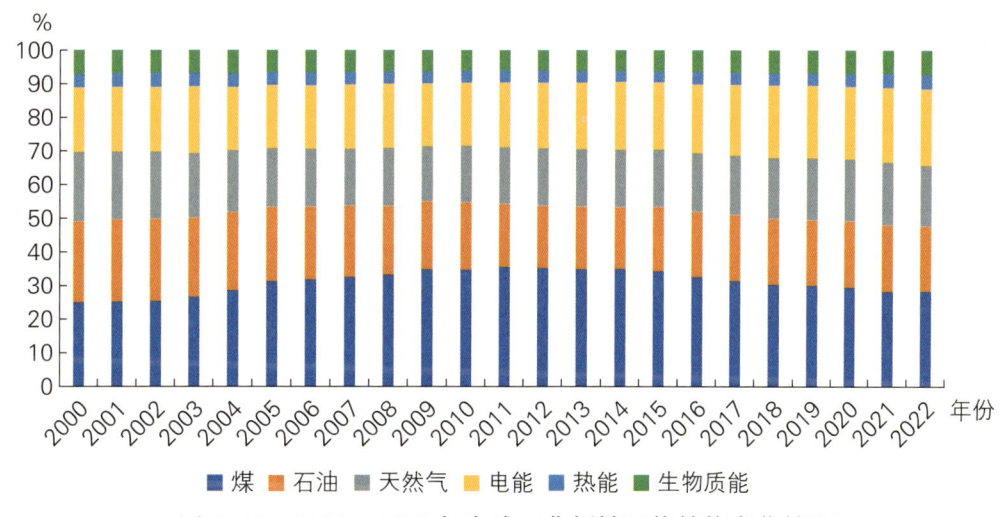

图 3-10　2000—2022 年全球工业领域用能结构变化情况

数据来源：IEA。

工业领域电气化率稳步提升。 2022 年，全球工业领域电能由 2000 年的 19.4EJ 增长至 37.8EJ，在工业领域总用能中占比达到 22.76%（见图 3-11），高于全球平均终端用能电气化率 19.9%。

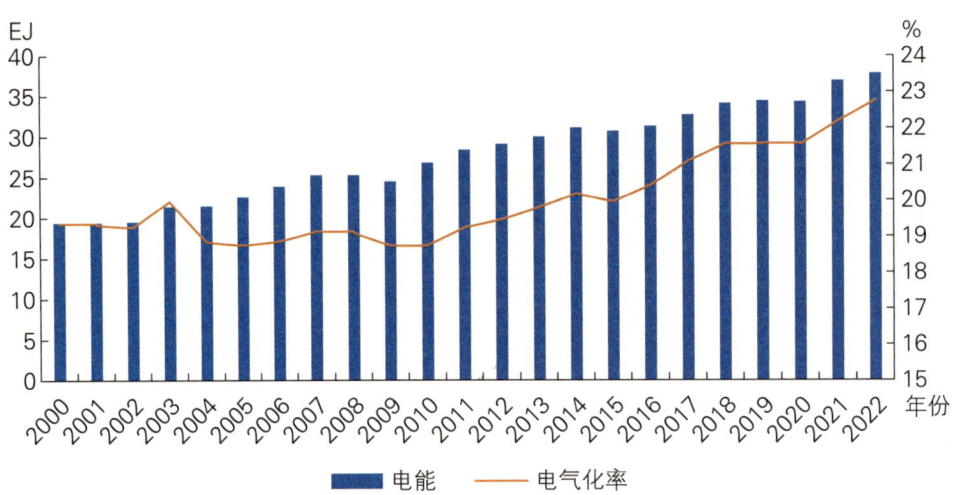

图 3-11　2000—2022 年全球工业领域电能及电气化率

数据来源：IEA。

工业领域二氧化碳排放增速减缓明显，钢铁、水泥、化工占比超六成。2022 年，工业领域二氧化碳排放量约为 9Gt，其中钢铁、水泥、化工、造纸、电解铝和其他工业分别排放 2.62Gt、2.42Gt、1.33Gt、0.15Gt、0.27Gt、2.19Gt（见图 3-12），分别占工业领域排放总量的 29.18%、26.95%、14.81%、1.67%、3.01%、24.39%（见图 3-13）；工业领域排放占全球能源领域排放量的 25% 左右；2000—2022 年、2010—2022 年、2019—2022 年年均复合增长率分别为 2.27%、0.35%、−0.02%。

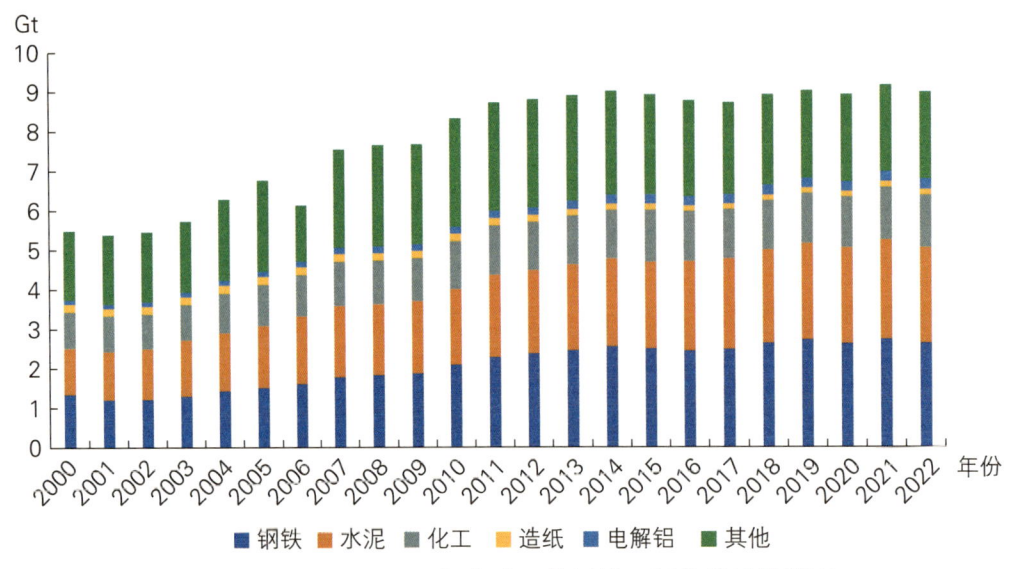

图 3-12　2000—2022 年全球工业领域二氧化碳排放情况

数据来源：IEA。

注：直接排放包括燃料燃烧和工业过程排放。"其他"包括轻工业、其他非金属矿物和其他有色金属。

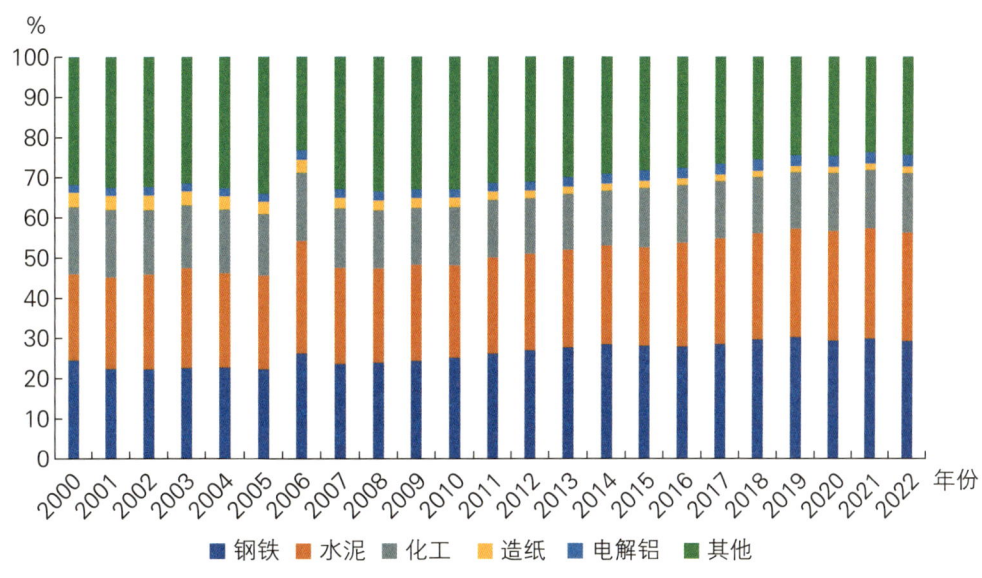

图 3-13 2000—2022 年全球工业领域二氧化碳排放结构

数据来源：IEA。

> **小贴士**
>
> 工业发展对能源变革具有重要意义，具体体现在以下方面：
>
> 一是工业能源消费占据了能源消费的较大比重，推动工业能源消费结构优化，提高能源利用效率，对减少能源消费和碳排放具有重要作用。
>
> 二是工业是技术创新和绿色发展的主战场，通过技术创新和绿色发展，可以提升工业生产的能源利用效率，减少能源消耗和碳排放，推动实现节能减排和可持续发展目标。
>
> 三是工业发展可以带动能源产业升级。随着能源变革的推进，新能源、清洁能源等产业得到了快速发展，健全的工业体系和完整的工业研发、设计、制造、装配和服务能力可以有效带动新兴产业的发展，助力能源结构的优化和升级。因此，需要重视工业在能源转型中的地位和作用，加强政策引导和支持，推动工业领域能源消费结构优化和绿色发展，促进能源转型和可持续发展。

(6) 建筑领域

建筑用能总体趋稳，结构逐步改善。 2022 年，全球建筑用能约 132EJ，占全球终端能源消费的

31%[①]；2010—2022年，全球建筑用能年均复合增长率为1.03%，建筑用能总体趋稳[②]。其中，传统化石能源占比超过一半，电能、集中供热和可再生能源占比分别为34.29%、5.22%和5.90%（见图3-14）。电能增长较快，占比由2010年的29.71%上升到2022年的34.29%（见图3-15），建筑用能结构逐步改善；截至目前，仍未见成熟的规模化建筑用氢。

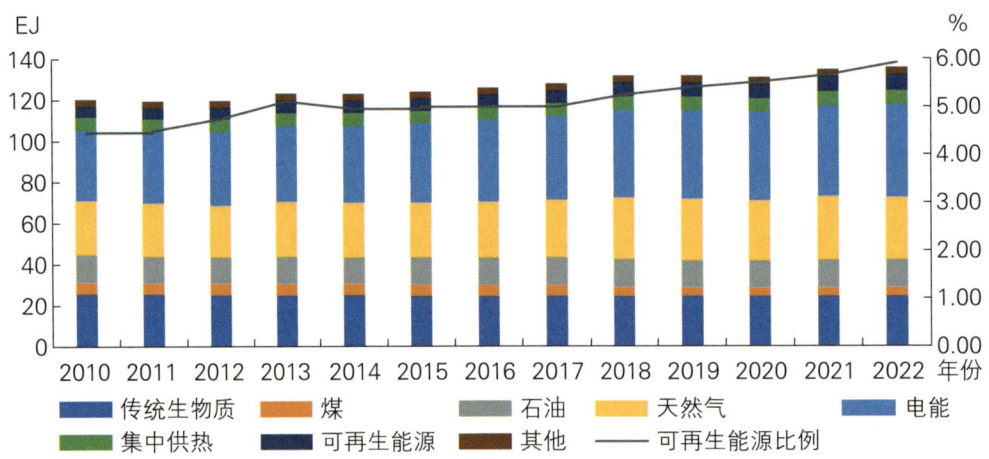

图3-14　2010—2022年全球建筑领域能源消耗量和可再生能源比例

数据来源：IEA。

注：可再生能源包括现代生物质能、太阳能和地热能，而"其他"指的是不可再生废弃物。

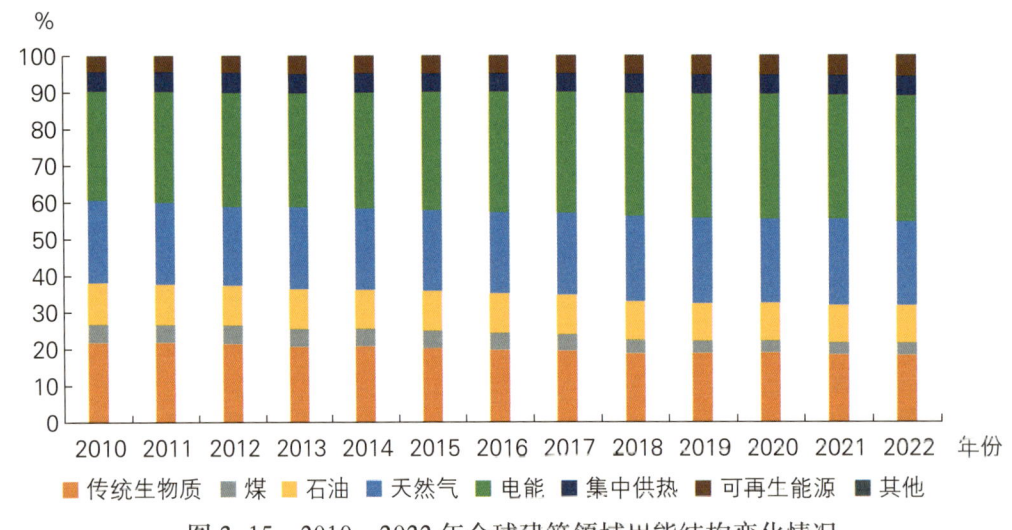

图3-15　2010—2022年全球建筑领域用能结构变化情况

数据来源：IEA。

① 数据来源：IEA，BNEF。
② 数据来源：IEA。

建筑供暖技术显著进步，但热泵产能亟待提升。 截至 2021 年底，全球建筑物内安装的热泵数量超过 1000GW_{th}[①]，可满足约 10% 的建筑供暖需求。2021 年全球热泵销量增长约 13%，欧盟、美国、日本和中国是热泵的主要市场，市场占有率超 80%。其中，增长最快的是欧盟，销量增长 35%，美国、日本、中国分别增长 15%、13%、13%。截至 2021 年底，全球热泵年产能约为 120GW_{th}，其中，欧洲、北美、亚太（除中国）、中国分别占 39%、16%、29%、14%（见图 3-16）；但是当前全球热泵年产能仅能满足全球约 1.2% 的需求，考虑目前已安装热泵，在满负荷投产安装的前提下，全球热泵渗透率提升至 50% 也需要至少 33 年，产能亟待提升。

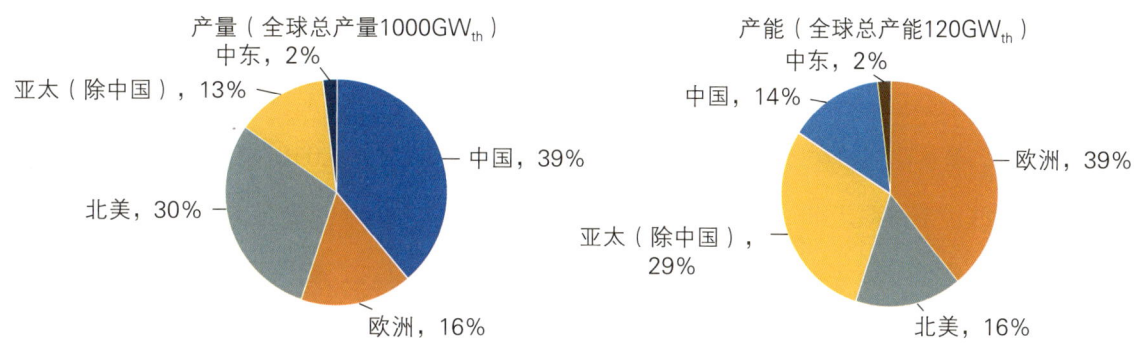

图 3-16　2021 年全球主要区域热泵产量和产能

数据来源：IEA，Energy Technology Perspectives 2023。

建筑领域电气化率较高，电力供暖渗透率迅速提升。 2022 年，全球建筑用能中共有 45.3EJ 以电能的形式消费，占比达到 34.29%（见图 3-17）；2010—2022 年电力在建筑领域的消费量年均复合增长率为 2.25%。在建筑用能电气化方面，随着电力系统的不断完善和电力技术的不断发展，越来越多的国家和地区开始采用电力供暖。与传统的供暖方式相比，电力供暖具有可调节性和可控制性强的优点。在中国，以电代煤的冬季供暖方式逐渐得到推广和应用，这不仅能够减少对传统化石能源的依赖和提升用能效率，还有助于改善空气质量和减少温室气体排放。

---

① GW_{th}：表示 gigawatts thermal，即 GW 热量，下同。

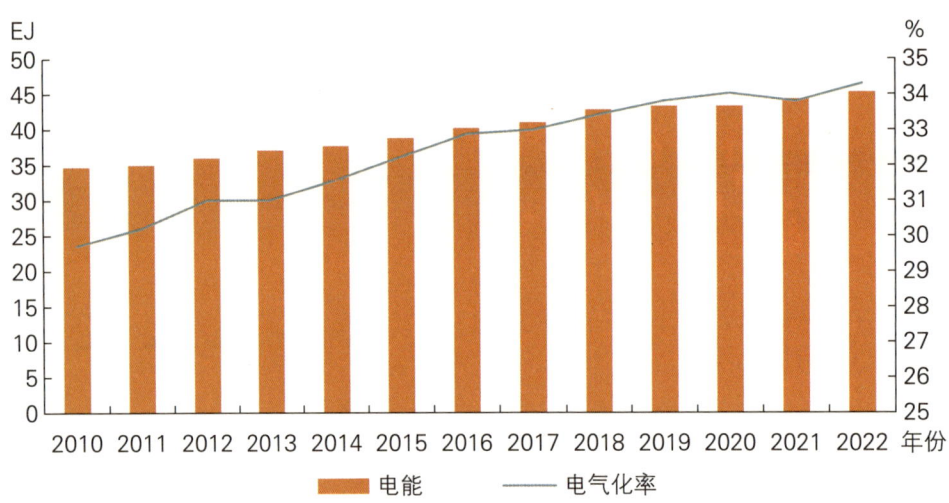

图 3-17　2010—2022 年全球建筑领域电能及电气化率

数据来源：IEA。

建筑领域二氧化碳直接排放总体保持稳定，间接排放总体微升。 2010—2022 年，建筑领域二氧化碳直接排放量始终稳定在约 3Gt；二氧化碳间接排放量由 6.1Gt 上升至 6.8Gt，年均复合增长率 0.50%，总体微升（见图 3-18）。2010—2022 年全球建筑领域二氧化碳排放结构变化情况见图 3-19。

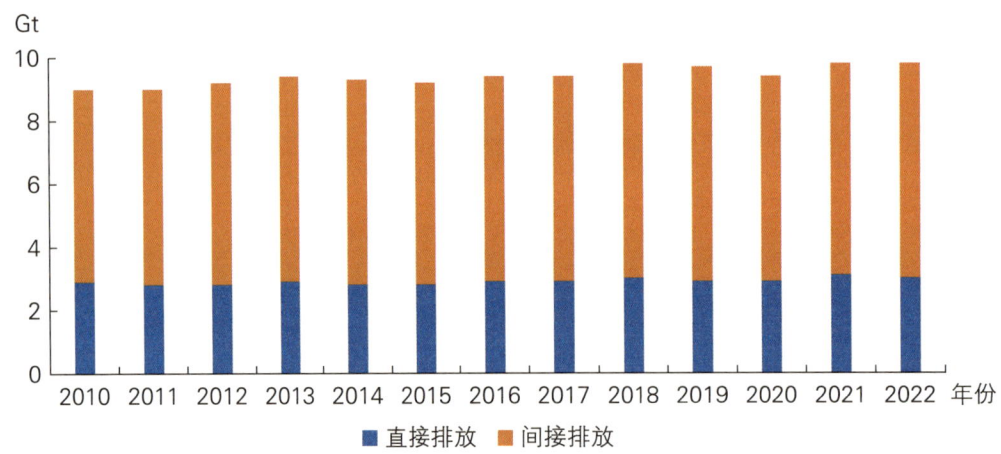

图 3-18　2010—2022 年全球建筑领域二氧化碳排放情况

数据来源：IEA。

注：间接排放是指电力和热力转化领域为满足建筑物中的电力和热力需求而排放的二氧化碳。

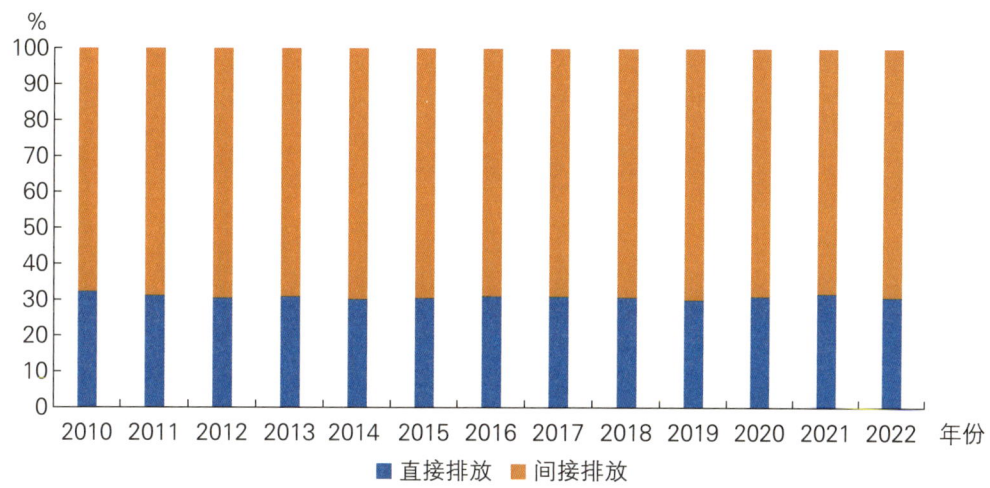

图 3-19 2010—2022 年全球建筑领域二氧化碳排放结构变化情况

数据来源：IEA。

总体来看，建筑领域电气化率较高，清洁供暖趋势明显；电气化供暖、热泵技术、保温隔热材料、光伏建筑一体化（BIPV）等方面也得到了发展和应用。技术的进步对于推动建筑领域的能源变革具有积极意义。

（7）交通领域

交通用能石油为基，增速趋缓；用能结构亟待优化，电气化率亟待提升。 2022 年全球交通用能约为 118EJ，占全球终端能源消费的 28%[①] 左右，2010—2022 年年均复合增长率为 1.22%（见图 3-20）。全球交通用能总体趋缓，这主要得益于交通领域用能效率的提升。其中，2022 年石油、天然气、生物质燃料和电能占比分别为 90.54%、4.47%、3.56% 和 1.40%（见图 3-21），石油依然占据绝对主导地位。作为最具潜力实现高比例电气化的用能领域，交通领域的电气化提升工作任重道远；截至 2022 年底，交通领域终端用能电气化率仍然不足 1.5%，与工业和建筑领域相去甚远，交通领域终端用能电气化率亟待提升。

---

① 数据来源：IEA，BNEF。

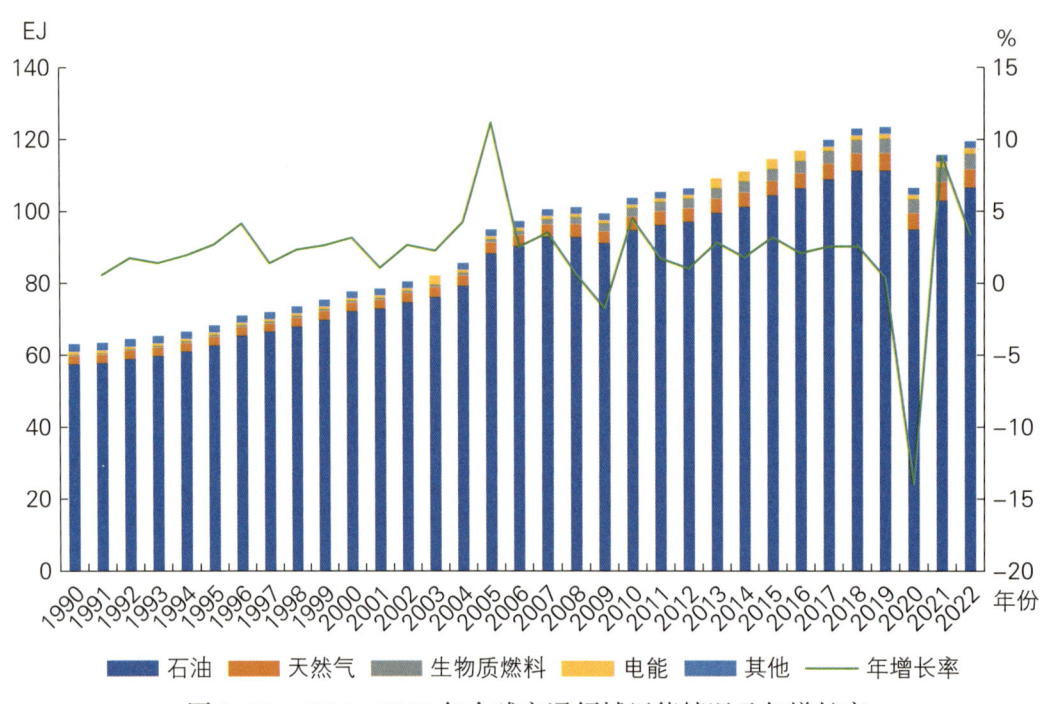

图 3-20 1990—2022 年全球交通领域用能情况及年增长率

数据来源：IEA。

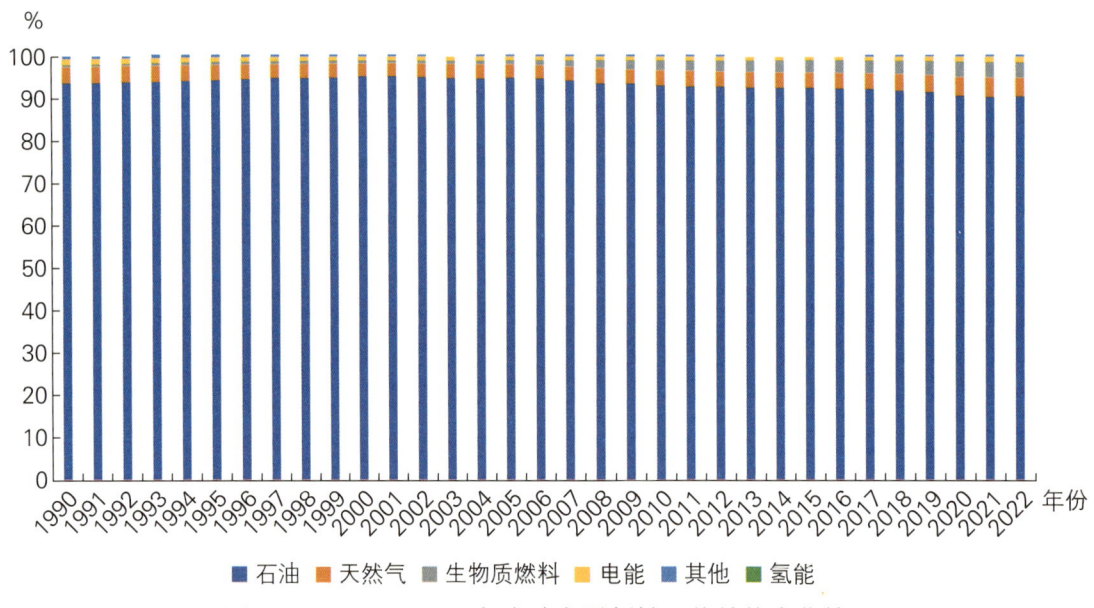

图 3-21 1990—2022 年全球交通领域用能结构变化情况

数据来源：IEA。

交通领域电气化率整体偏低，发展势头强劲。 2022 年全球交通用能中，共有 1.65EJ 以电能的形式消费，仅占交通领域总能耗的 1.4%（见图 3-22），与全球平均终端用能电气化率 19.9% 相去甚远；1990—2022 年、2010—2022 年、2017—2022 年电力在交通领域的消费量年均复合增长率分别为 1.98%、4.44%、6.05%，近 10 年尤其是近 5 年来，全球交通领域电气化发展势头强劲、发展速度远超历史。交通领域电气化的发展，得益于中国、欧洲和北美的电动汽车（EV）的快速发展，也得益于中国完整的 EV 产业链供应链、较高的 EV 技术研发创新水平和完善的政策市场机制。

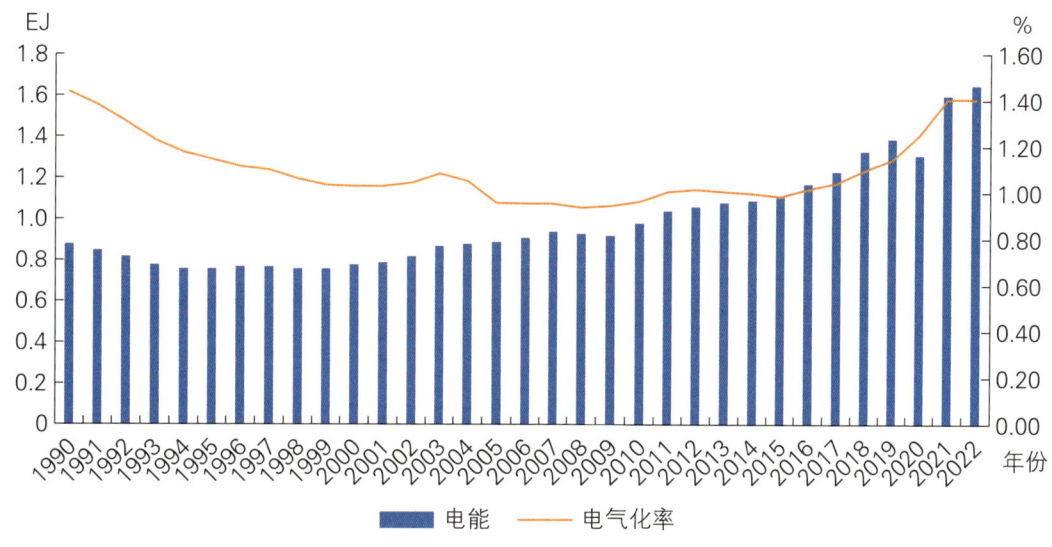

图 3-22　1990—2022 年全球交通领域电能及电气化率

数据来源：IEA。

交通领域二氧化碳排放增速减缓，公路运输排放占比最大。 交通领域二氧化碳排放约占全球能源领域总排放量的 22%。2022 年，交通领域二氧化碳排放量约为 8Gt，其中公路、海运、航空、管道和铁路运输分别排放 5.87Gt、0.09Gt、0.89Gt、0.78Gt、0.32Gt（见图 3-23），公路、海运、航空、管道和铁路运输排放占比自 1990 年以来基本保持不变，分别为 74%、11%、10%、4%、1%（见图 3-24）。

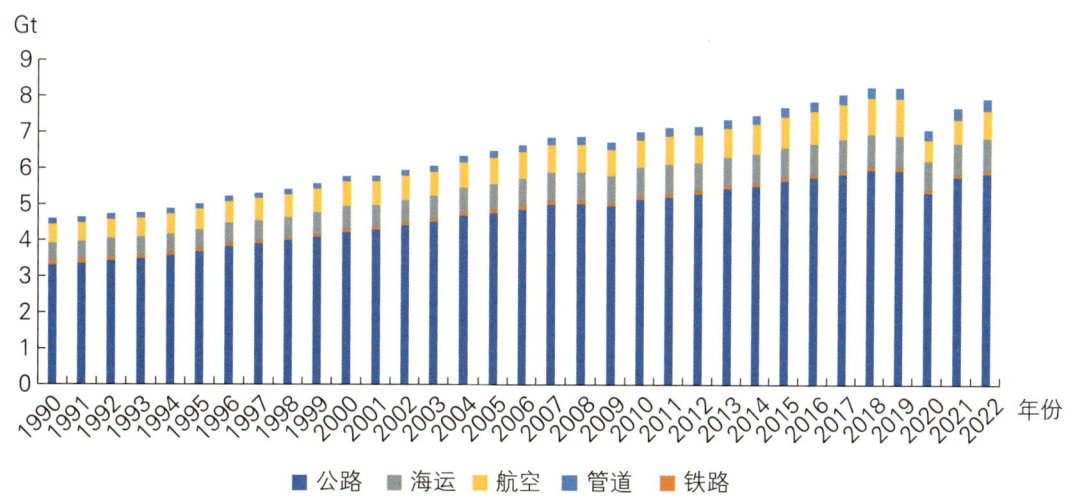

图 3-23　1990—2022 年全球交通领域二氧化碳排放情况

数据来源：IEA。

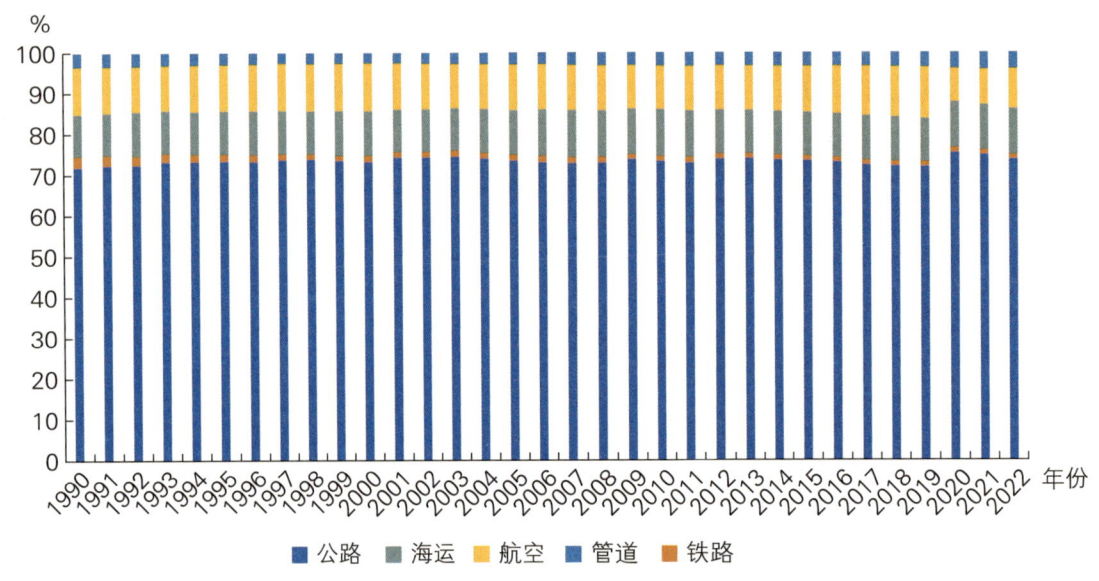

图 3-24　1990—2022 年全球交通领域二氧化碳排放结构

数据来源：IEA。

1 电动汽车

2022 年电动汽车销量超过了 1000 万辆，创下新纪录。2022 年，所有新售汽车的 14% 为电动汽车，这一比例高于 2021 年的约 9% 和 2020 年的不足 5%。

中国、欧洲和美国三个市场主导全球电动汽车销售。中国再次成为领跑者，2022 年电动汽车销量约占全球电动汽车销量的 60%。现在，全球超过一半的电动汽车在中国（见图 3-25），并且中国已经超越了 2025 年的新能源汽车销售目标。在欧洲这个第二大市场，2022 年电动汽车销量增加了 15% 以上，这意味着每 5 辆汽车中就有 1 辆是电动汽车。美国作为第三大市场，2022 年电动汽车销量增长了 55%，市场份额达到了 8%。

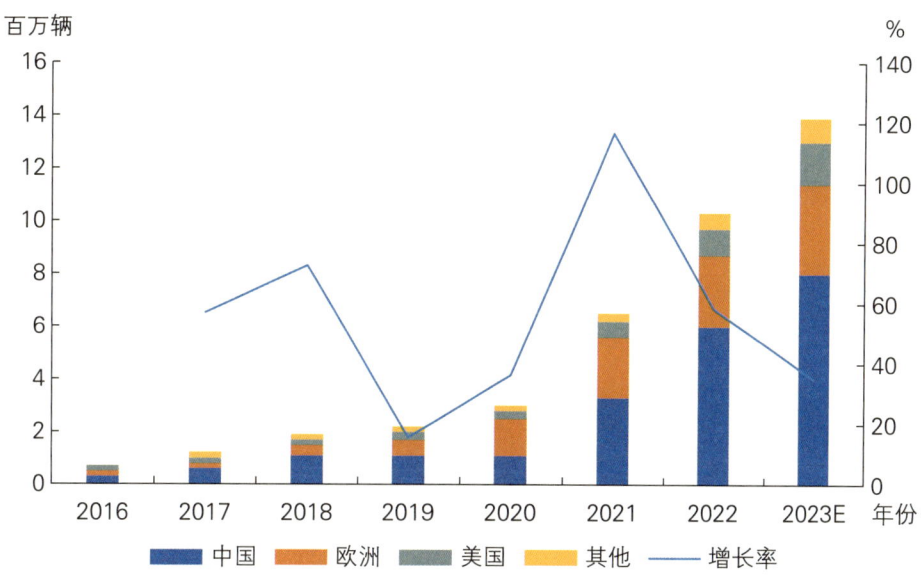

图 3-25 2016—2023 年全球电动汽车销量及增长率

数据来源：IEA analysis based on EV Volumes。

注：2023 年的销售额根据 2023 年第一季度的市场趋势进行估算。

充电桩成为重要基础设施，快速充电桩迅猛发展。 截至 2022 年底，全球有 270 万个公共充电站，其中 2022 年安装了超过 90 万个，同比增加了约 55%，与 2015 年至 2019 年新冠疫情大流行前 50% 的增长率相当。目前全球范围内还是以慢速充电桩为主，快速充电桩正处于迅猛发展阶段（见图 3-26）。2015—2022 年，全球快速、慢速充电桩数量年均复合增长率分别为 65%、42%。

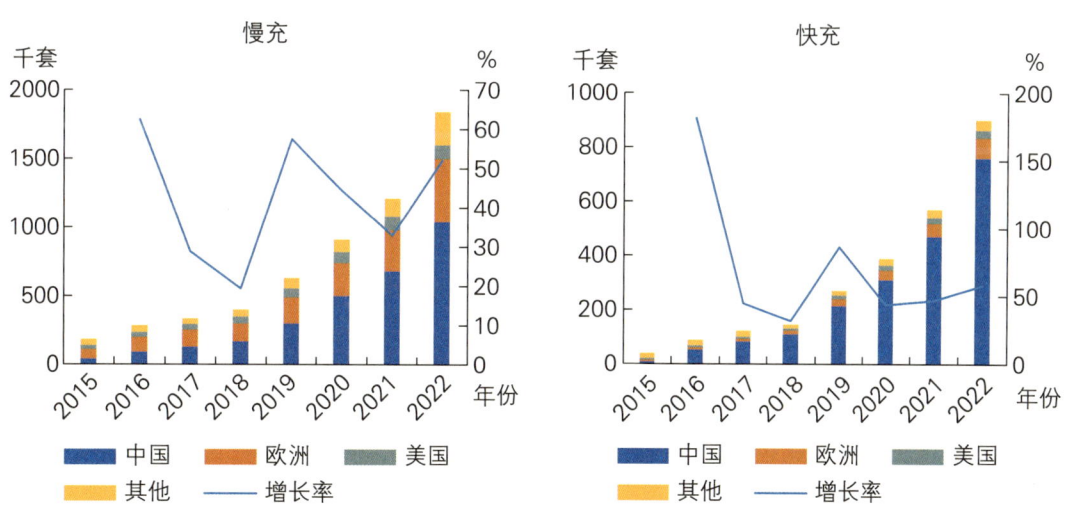

图 3-26 2015—2022 年全球电动汽车充电桩数量和增长率

数据来源：IEA, Global EV Outlook 2023。

2 海运

根据不同的数据来源，全球各国和地区海运能源消耗量存在一定的差异。根据国际海事组织的数据，2022 年全球航运业消耗的燃料量约为 3.7 亿吨石油当量。根据联合国贸易和发展会议数据，过去 10 年，海运业的碳强度一直在稳步下降。2012—2022 年，集装箱船舶的碳强度下降了 21%，散货船和杂货船的碳强度下降了 18%。相比之下，油轮的碳强度仅下降了 1%，油轮碳强度在 2018 年 8 月触底，然后在 2020 年 10 月达到峰值。

根据联合国贸易和发展会议数据，2020—2021 年，全球船队碳排放总量增加了 4.7%，其中大部分来自集装箱船、干散货船和杂货船，车辆、滚装船和客轮的碳排放也有所增加。增长主要是由于新冠疫情后海上运输的复苏，2021 年吨英里海上贸易增长 3.1%，但每吨英里的二氧化碳排放量（碳强度）也略有增加。

3 航空

在能源消耗方面，航空运输是全球能源消耗的主要领域之一。国际能源署数据显示，2019 年全球航空运输消耗的燃料量达到了约 3.7 亿吨石油当量。其中，航空煤油和航空汽油的消耗量占比较大，分别为 55% 和 35%。随着全球经济的发展和人民生活水平的提高，航空运输的能源消耗量还将不断增加。

航空运输是全球温室气体排放的主要领域之一。飞机燃烧燃料会产生大量的二氧化碳、氮氧化物、甲烷等温室气体。根据联合国政府间气候变化专门委员会（IPCC）的估计，2019 年全球航空运输的二氧化碳排放量达到了约 9 亿吨，占全球二氧化碳排放总量的近 2%。

总之，全球航空运输在能源消耗数量和份额、温室气体排放，以及清洁低碳化、电气化变革转型方面面临着巨大的挑战和机遇。未来需要加大投入，加强科技创新，推动航空运输行业的可持续发展。

4 铁路运输

铁路是货运和客运最节能的交通方式之一,其以占交通领域 2% 的能源消耗分别支撑了 8% 的客运量和 7% 的货运量。目前,75% 的铁路客运采用的是电动列车,比 2000 年的 60% 有所增加。铁路是当今唯一高电气化率且效率最高的运输方式。[1]

3.1.2 国别评估成果

从不同区域分析,欧洲尤其是西欧国家能源消费表现较优,其次是东亚的日本、中国和韩国。具体而言,全球能源消费变革排名前十的国家分别是德国、挪威、瑞典、爱尔兰、日本、瑞士、意大利、中国、芬兰、韩国;紧随其后的是北美洲的发达国家;20 名之后各大洲的发展中国家高频出现,这也显示了发展中国家在能源消费变革方面的巨大潜力和强劲动力。

从不同指标分析,能源消费表现较优的国家,在电力、工业、建筑、交通四个领域的能源关键指标均有不俗表现。具体包括电力领域的终端电气化率、乡村电力覆盖率、人均用电量等,工业领域的碳排放强度、工业竞争力绩效指数,建筑领域的热泵销量、天然气价格/电价比以及低碳取暖,交通领域的电动汽车销量、电动车充电设施、油价/电价比、交通领域碳排放等指标。其中,挪威在终端电气化率方面领先于其他国家;瑞士、瑞典、爱尔兰、以色列、奥地利、尼日利亚、芬兰、刚果(金)、安哥拉、莫桑比克、美国、德国、英国、意大利、韩国等国家在工业领域的二氧化碳强度表现优异;美国、日本、德国、意大利、西班牙、瑞典、芬兰、新西兰热泵销售数量排名前列;工业竞争力绩效指数(CIP)德国、中国、美国、爱尔兰、韩国、日本名列前茅;而在电动汽车产能、产量、销量方面中国遥遥领先,西欧发达国家和北美紧随其后。

从总体分析,发达国家在能源消费的电力、工业、建筑、交通等重点领域表现普遍以绝对优势领先于发展中国家。排名靠前的国家在电力、工业、交通、建筑等重点领域构建起了更为合理的能源消费体系,或者正在以实际行动向清洁、低碳、高效、可持续的能源消费目标快速挺进。这些国家在终端用能电气化程度、能源使用效率和碳排放强度、清洁交通与取暖等能源消费变革核心指标上表现出色。

但整体来看,全球能源消费的变革发展仍不充分、不均衡,发达国家需要加大对发展中国家能

---

[1] 数据来源:IEA。

源消费变革支持力度，在资金、技术、政策制定等方面给予支持和帮助。能源消费维度表现较弱的国家，需要加大力度调整能源消费结构，提高终端电气化率和能源消费效率，促进能源普惠等。能源消费变革指数排名前 50% 的国家见图 3-27。

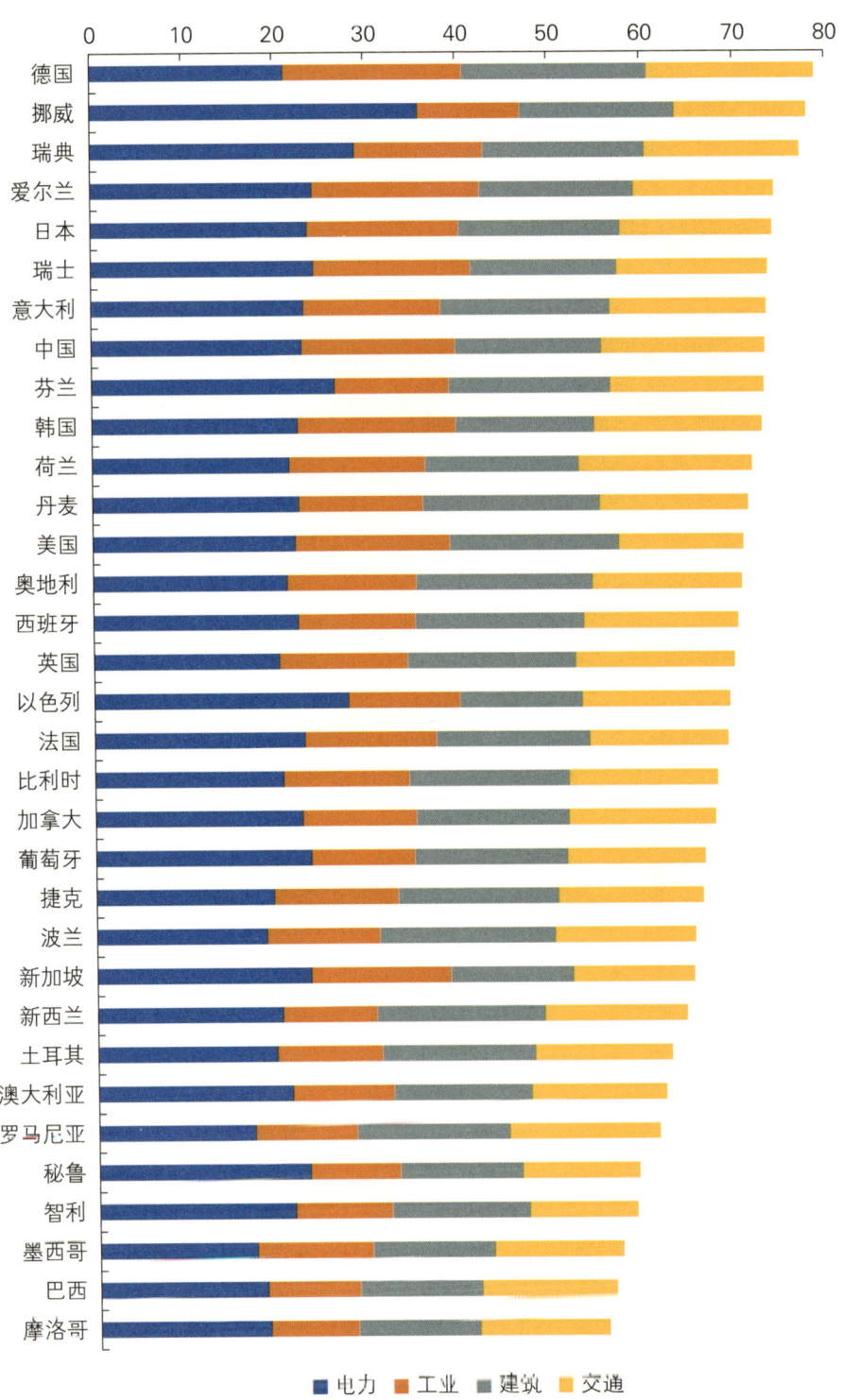

图 3-27 能源消费变革指数排名前 50% 的国家

3.2 能源供给

3.2.1 全球发展现状

(1) 能源供给结构及趋势

非化石能源生产快速增长，化石能源仍占据主导地位。 2022 年，全球一次能源生产总量约为 600EJ，同比增长 4.4%，近 10 年年均复合增长率为 1.6%。化石能源生产总量为 530EJ，同比增长 4.0%，近 10 年年均复合增长率为 1.1%。非化石能源（含核能）生产总量约 70EJ，占比为 11.7%，同比增长 4.0%，近 10 年年均复合增长率为 7.0%；其中，可再生能源（包括水电）开发利用约为 61EJ，占比为 10.1%，较上一年度增加 0.49 个百分点，同比增长 9.7%，近 10 年年均复合增长率为 8.5%，是化石能源的 8 倍左右（见图 3-28）。

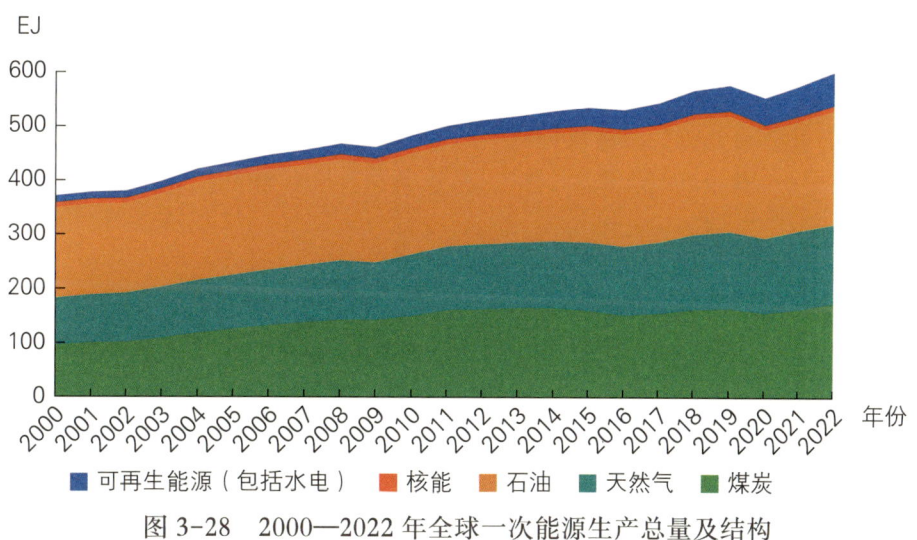

图 3-28　2000—2022 年全球一次能源生产总量及结构

数据来源：Energy Institute Statistical Review of World Energy (2023)。

注：其中可再生能源产量以可再生能源消费量计算。

(2) 电力装机结构及趋势

电力装机结构变革加快推进，可再生能源装机快速增长。 2022 年全球发电总装机容量约为 8.5TW，其中可再生能源发电装机容量为 3.5TW，占比提升至 41%（见图 3-29）。可再生能源装机容量近 10 年年均复合增长率为 9%，是化石能源的 10 倍。

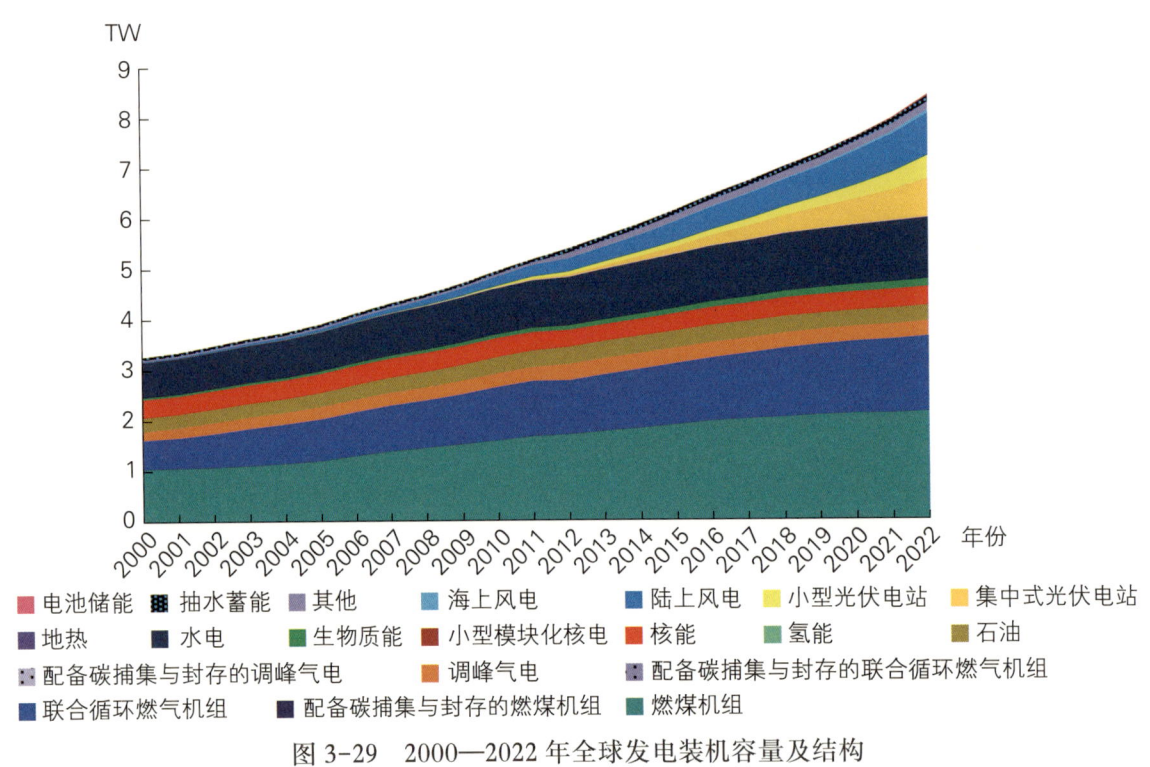

图 3-29　2000—2022 年全球发电装机容量及结构

(3) 清洁

能源清洁供给的核心是在确保能源安全的前提下，构建以可再生能源为主体的新型能源体系。2000 年以来，全球可再生能源供给占比快速提升，尤其是 2008 年以后，可再生能源供给占比从 8% 跃升至 2022 年的 14%（见图 3-30）。从地理区域来看，一次能源中可再生能源供给份额呈现三个变化特征：一是南美洲，自 1965 年就开始着力提升可再生能源供给份额，1990 年至今一直维持在 30%~40% 的全球高位不变；二是大洋洲和非洲清洁能源占比经历了一个先降后增的过程，最终结果则是大洋洲超越原有的水平，非洲则刚刚恢复至原有水平；三是欧洲、北美洲、亚洲等地区的化石能源供给在 2008 年之前占据绝对主导地位，2008 年之后开始逐步提升清洁能源供给份额，带动了全球可再生能源供给份额的跃升。

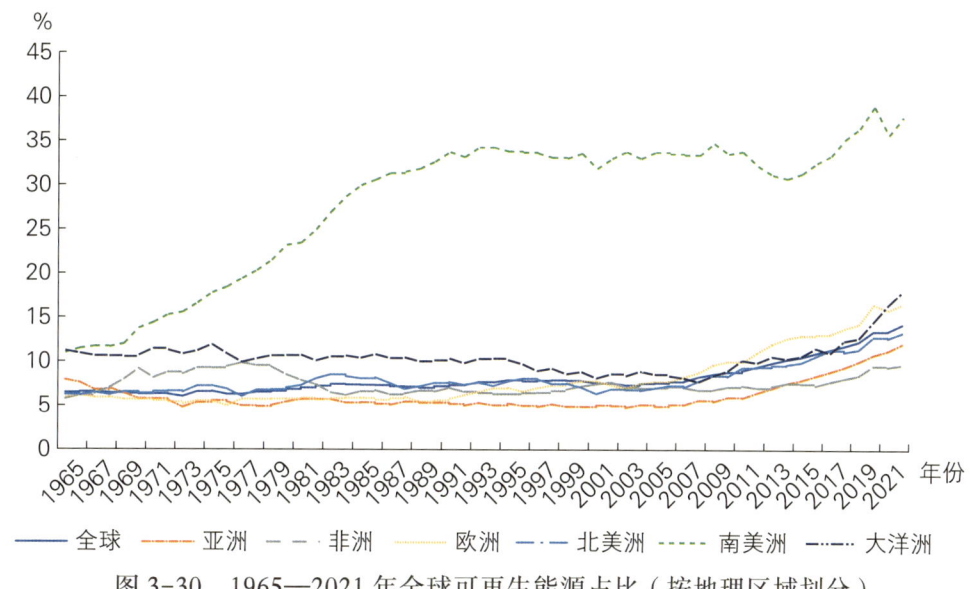

图 3-30　1965—2021 年全球可再生能源占比（按地理区域划分）

数据来源：Energy Institute-Statistical Review of World Energy (2023)。

注：一次能源使用"替代法"计算，该方法考虑了化石燃料的能源生产效率低下的因素。清洁能源包括水电、太阳能、风能、地热能、生物能、波浪能和潮汐能，不包括传统生物燃料。

分组织来看，可再生能源供给份额并没有显现与地理区域类似的特征。无论是欧盟、经济合作与发展组织成员以及非经济合作与发展组织成员，还是各收入层次的国家，抑或中国、美国和印度等，可再生能源份额均是在 2008 年之后开始快速提升。目前可再生能源供给份额较高的是欧盟，提升速度最快的是中国。1985 年是可再生能源发展史上特殊的一年，这一年中高收入国家可再生能源占比开始反超高收入国家，同时中低收入国家可再生能源占比出现断崖式下降，1984 年由 8.2% 降低到了 4.8%（见图 3-31）。

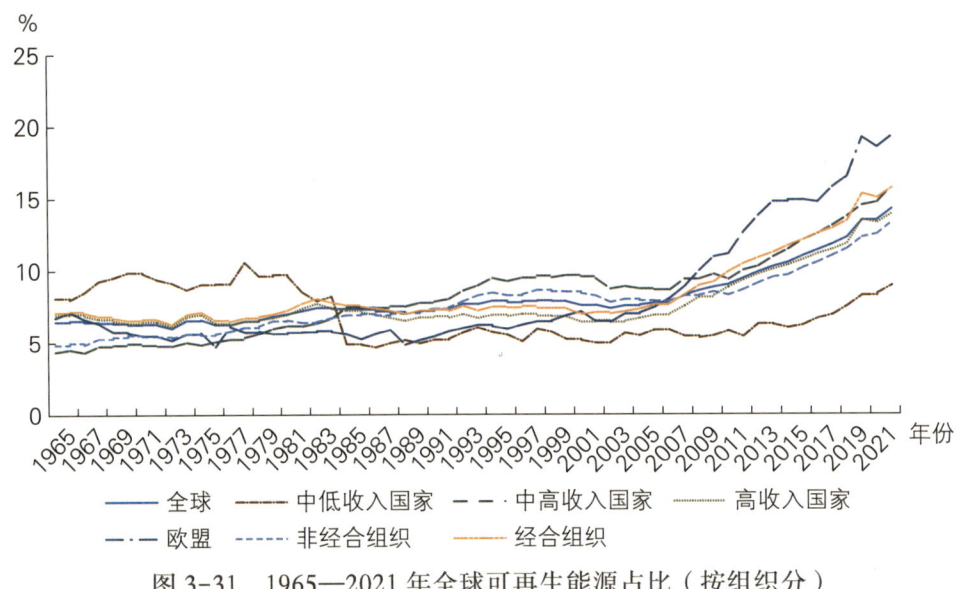

图 3-31　1965—2021 年全球可再生能源占比（按组织分）

数据来源：Energy Institute-Statistical Review of World Energy (2023)。

（4）低碳[①]

低碳能源是以减少温室气体排放和碳足迹为目标，主要考察能源开采、加工、转化、运输过程中温室气体排放水平。

全球电力生产过程中二氧化碳排放强度先缓增后速降。 观察期内，全球电力生产过程二氧化碳强度由 2000 年的 466gCO_2/kWh 缓慢增长至 2006—2014 年的 480~485gCO_2/kWh，而后仅用不到 8 年时间，便快速降低至 2022 年的 436gCO_2/kWh，这一迹象也说明了各国正为构建清洁低碳的美丽家园加快行动。分区域来看，全球各区域除南美洲电力生产过程的二氧化碳强度均显著降低。其中，中国、欧洲、北美洲电力生产二氧化碳排放强度分别由 2010 年的 650gCO_2/kWh、356gCO_2/kWh、462gCO_2/kWh 快速下降至 2022 年的 531gCO_2/kWh、278gCO_2/kWh、352gCO_2/kWh，12 年间降幅分别达到 18.4%、21.8% 和 23.8%，这得益于大规模可再生能源的开发利用以及电力生产和传输技术产业的升级（见图 3-32）。

[①] 清洁低碳能源的供给情况在其他小节已进行详细讨论，不再赘述。

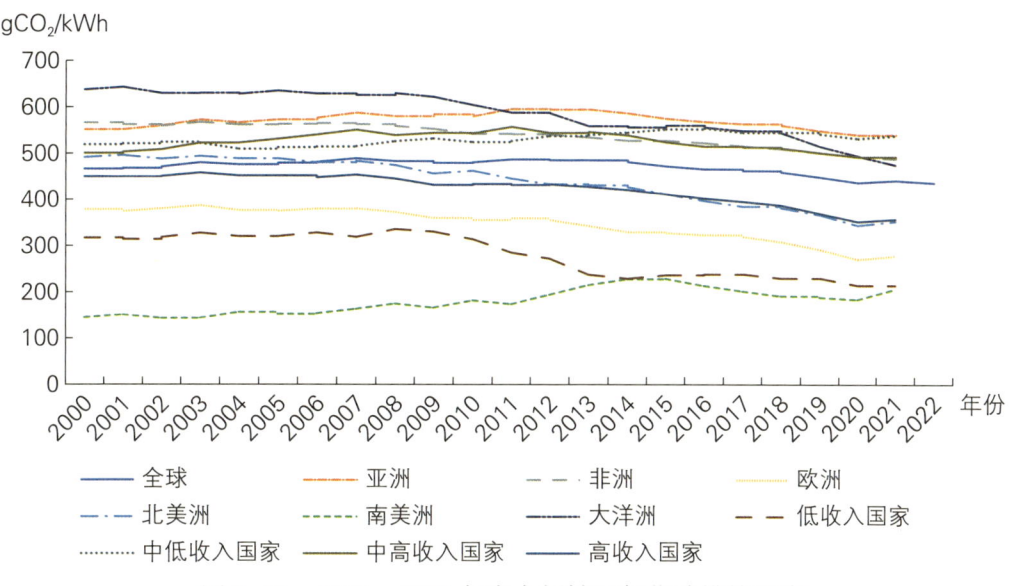

图 3-32　2000—2022 年电力领域二氧化碳排放强度

数据来源：Ember's Yearly Electricity Data; Ember's European Electricity Review; Energy Institute Statistical Review of World Energy。

注：碳强度以每千瓦时电力排放的二氧化碳当量克数计算。

全球能源生产过程中二氧化碳排放强度持续降低。 2000 年至今，全球能源生产中的二氧化碳排放强度从 261gCO$_2$/kWh 持续降低至 224gCO$_2$/kWh（见图 3-33）。分区域来看，非洲和亚洲二氧化碳排放强度高于全球均值；过去 20 年来亚洲能源生产中的二氧化碳排放强度呈现先增后减趋势，非洲

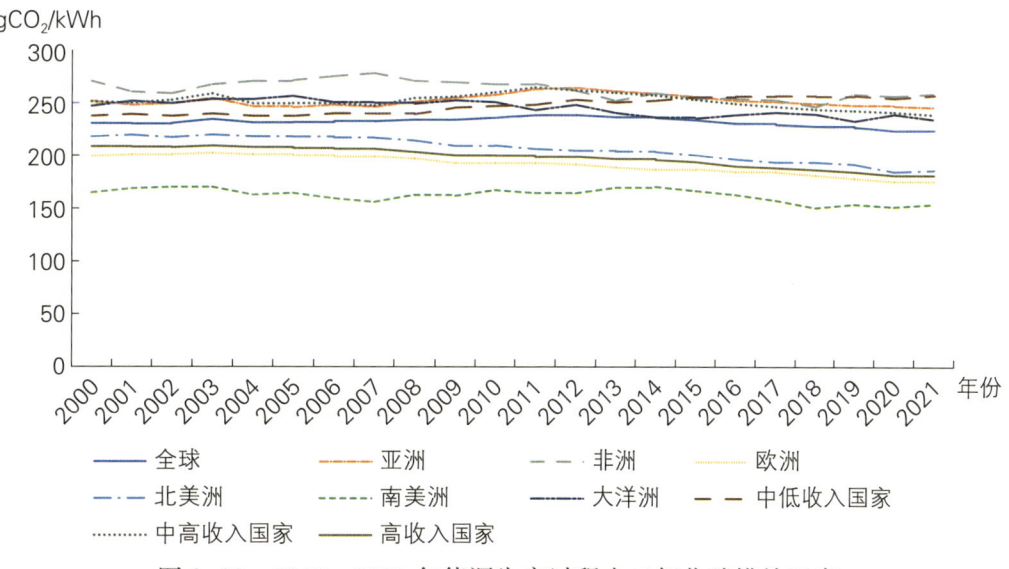

图 3-33　2000—2021 年能源生产过程中二氧化碳排放强度

数据来源：Global Carbon Project (2022)；Energy Institute - Statistical Review of World Energy (2023)；U.S. Energy Information Administration (2023)。

注：这项指标衡量每单位能源生产排放的二氧化碳量。

则呈现波动下降趋势。北美洲、欧洲和南美洲能源生产中的二氧化碳排放强度远低于世界平均值，这得益于其在 2000 年之前较早地完成了工业化发展和全产业链升级，同时也给非洲和亚洲的发展中国家在降碳减排方面指明了方向。

（5）安全

能源安全的内涵是能源供给的可靠性、稳定性、连续性、安全性、多元性，包括能源自给率、基本能源供给是否健康、电力供给覆盖率等指标。

健康清洁烹饪能源供给是能源安全的重要内涵。30 多年来，全球正加快普及健康清洁烹饪能源。从全球来看，获得健康清洁烹饪能源供给的人口比例在 2000 年以后得到较快提升，但是仍然存在严重的两极分化；1990 年以来，欧洲和美洲获得健康清洁烹饪能源供给的人口比例均接近 90%，截至 2022 年底非洲仍不足 20%（见图 3-34）。自 2000 年以来，在亚洲，中国、南亚（主要为印度和巴基斯坦）以及东南亚这一指标得到较大的改善，极大地增进了当地居民的福祉。

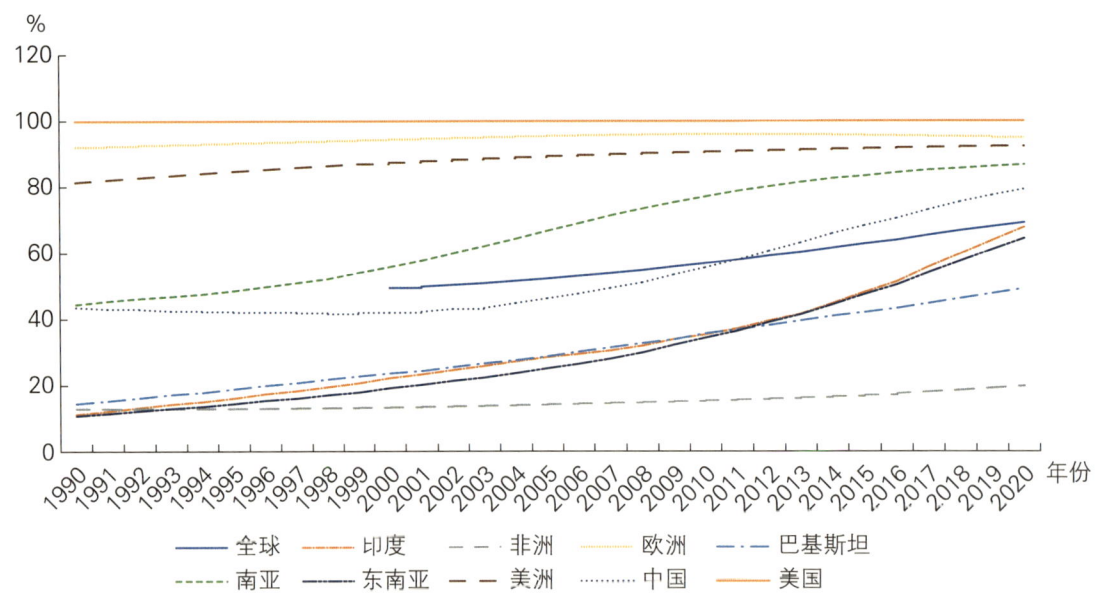

图 3-34　1990—2020 年主要地区和国家获得健康清洁烹饪能源供给的人口比例

数据来源：WHO，Global Health Observatory（2022）。

注：使用天然气、电力和清洁炉具等清洁燃料或技术，可以减少室内空气污染物的暴露，这些污染物是低收入家庭的主要致死原因。

获得健康清洁烹饪能源供给的人口数量也至关重要。虽然自 1990 年以来，无论是全球还是各个区域，获得健康清洁烹饪能源供给的人口比例持续上升，但是全球无法获得健康清洁烹饪能源供给的人口数量却基本保持不变。以中国和东南亚为主的亚太地区为例，近 20 年无法获得健康清洁烹饪能源供给的人口显著降低，但是撒哈拉以南非洲这一数量显著提升，二者冲抵导致全球总量基本不变。

稳定、安全的电力供给，也是能源安全的重要内涵，通常以电力覆盖率作为衡量指标。这一指标在全球范围内均有显著的城乡二元差异，越偏离图中的 45°斜线说明城乡二元差异越大，在非洲的大部分国家，这一差异尤其明显。中国和印度作为世界上人口超过 10 亿的国家，二者的城镇和乡村电力覆盖率均超过 98%（中国城乡分别为 100%、100%，印度分别为 100%、98.46%），为全世界电力覆盖率提升做出了积极贡献和良好表率（见图 3-35）。

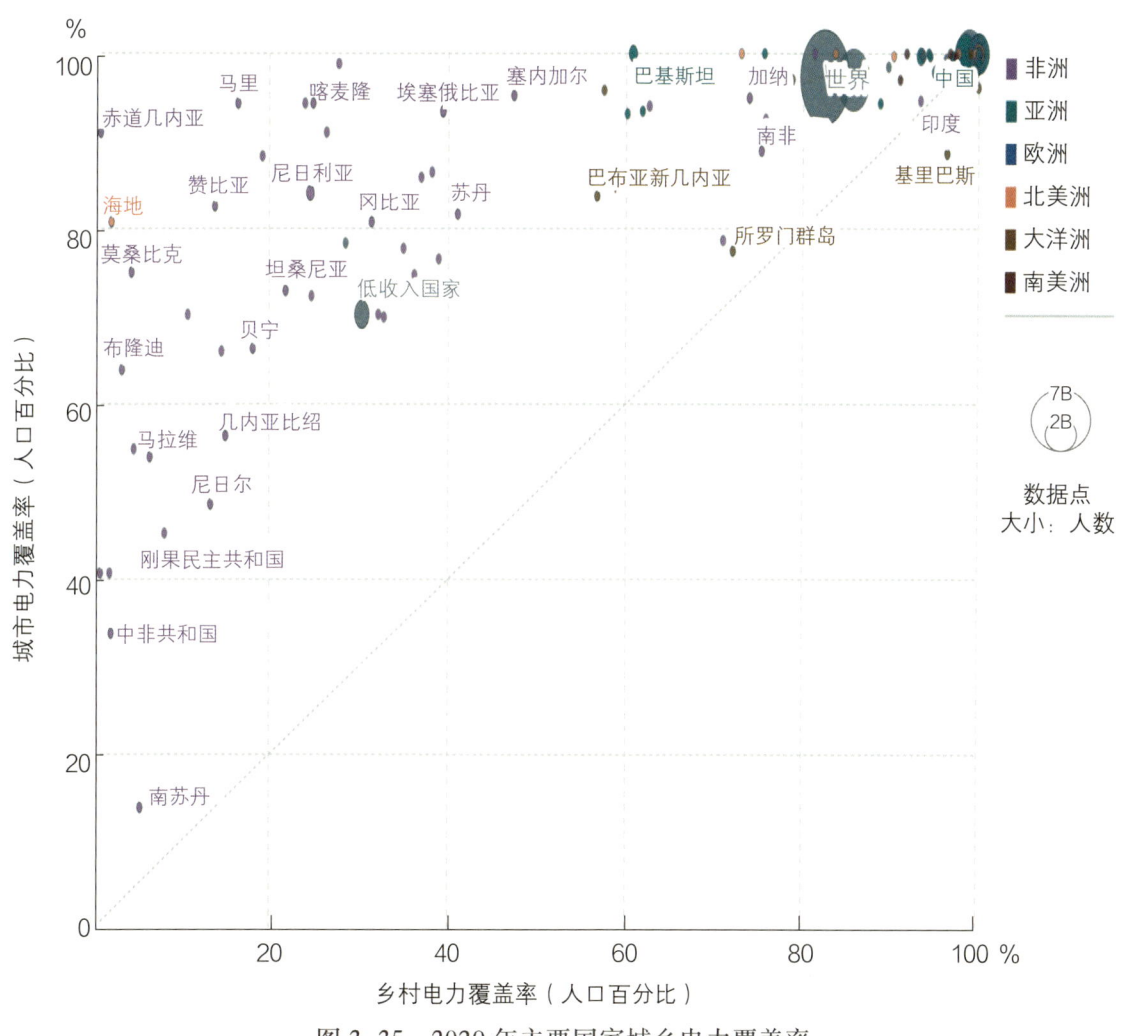

图 3-35　2020 年主要国家城乡电力覆盖率

数据来源：Data compiled from multiple sources by World Bank。

能源的自给率是能源安全的核心内涵。全球范围内能源供需矛盾以及人均能源资源的巨大差异，使得能源自给率的意义更加凸显。能源自给率在传统的化石能源时代，除了技术瓶颈外，基本由化石能源等天然能源资源禀赋条件决定。可再生能源、安全核能等技术的应用，可能改变传统化石能源视角下的能源资源分布，并彻底改变各国能源资源禀赋，进而影响全球能源安全格局。

据统计，在本蓝皮书分析范围内，2020年全球仅有36.99%的GDP、23.06%的人口能源自给率超过100%，其中能源自给率最高的三个国家分别是挪威、安哥拉和伊拉克，分别达到了766.3%、644.3%和470.3%。其中，挪威以丰富的水电与油气资源及其开发利用水平立足，伊拉克则为石油大国。值得注意的是，韩国、日本、摩洛哥和新加坡的能源自给率均不足20%，但是其仍然以总计2.79%的人口支撑了总计全球7.56%的GDP（见表3-1）。

表3-1　2020年主要国家能源自给率　　　　　　　　　　　　　　　　　　　　%

能源自给率 φ	国家	占全球GDP的比重	占全球人口的比重
φ ≥ 500	挪威、安哥拉	0.57	0.51
200 ≤ φ<500	伊拉克、澳大利亚、沙特阿拉伯、阿联酋、哥伦比亚、阿尔及利亚	3.61	2.67
100 ≤ φ<200	印度尼西亚、俄罗斯、加拿大、莫桑比克、尼日利亚、加纳、缅甸、南非、巴西、美国、秘鲁、阿根廷、刚果（金）	32.81	19.88
75 ≤ φ<100	马来西亚、埃及、乌兹别克斯坦、埃塞俄比亚、坦桑尼亚、马达加斯加、墨西哥、乌干达、中国、苏丹、新西兰、瑞典、英国、肯尼亚	25.13	27.34
50 ≤ φ<75	尼泊尔、孟加拉国、罗马尼亚、乌克兰、印度、巴基斯坦、丹麦、捷克、芬兰、波兰、以色列、越南、法国、瑞士、菲律宾	11.53	28.63
25 ≤ φ<50	泰国、荷兰、奥地利、德国、智利、西班牙、葡萄牙、土耳其、比利时、爱尔兰、意大利	12.73	5.31
φ<25	韩国、日本、摩洛哥、新加坡	7.56	2.79

数据来源：UN、World Bank；数据加工：水电总院。

（6）高效

高效性包括从一次能源到终端能源的高效性，也包括一次能源到有效能源的高效性，衡量的是能源开发、转换、输送和利用的效率，以减少能源无效消耗和浪费，提高整体能源利用效率。

能源强度是衡量从一次能源到有效能源供给效率的最直观指标。2000—2019年，美国、中国、日本、德国、印度、英国、法国、意大利、加拿大、韩国能源强度降低值分别为2.22MJ/美元、4.54MJ/美元、1.45MJ/美元、1.24MJ/美元、2.14MJ/美元、1.84MJ/美元、1.07MJ/美元、0.48MJ/美元、2.37MJ/美元、1.99MJ/美元，对应降幅分别为32.99%、41.84%、30.33%、31.00%、33.33%、44.44%、24.54%、16.38%、25.46%、27.26%（见图3-36），这10个国家GDP约占全世界的68%，其能源强度降幅均高于全球平均降幅。

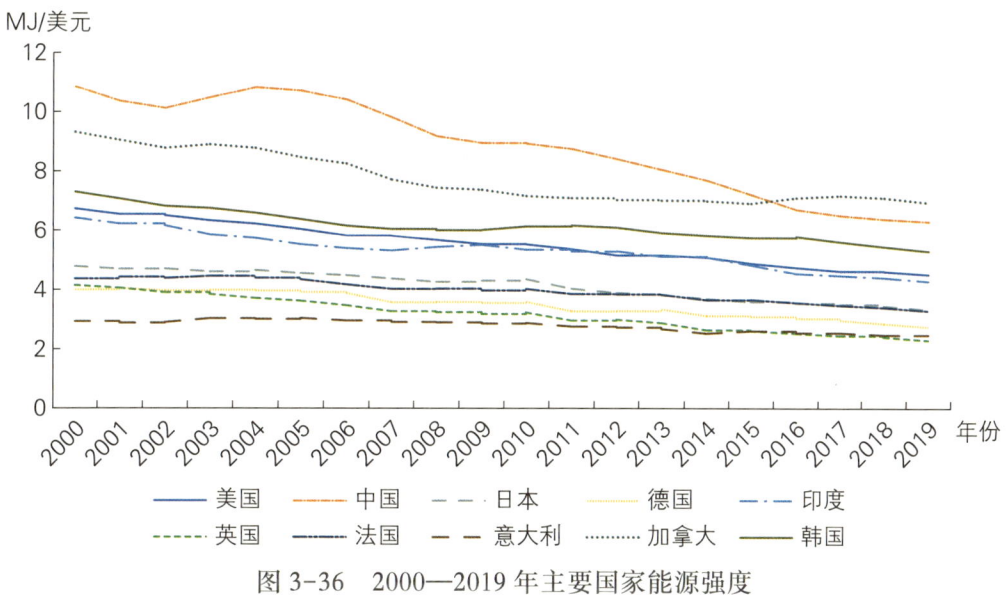

图3-36　2000—2019年主要国家能源强度

数据来源：World Bank and International Energy Agency。

从不同领域分析，无论是发达国家还是发展中国家，工业领域能源效率的提升难度和提升潜力均是最大的；在服务业领域，各个国家能源效率基本一致，而且本身能源强度较低，基本没有太大效率提升空间；在农业领域，美国、日本和英国能源强度较高，中国、德国、印度能源强度相对较低。

3.2.2　国别评估成果

从不同区域分析，发达国家表现依旧亮眼，能源供给维度排名前10位的国家分别是瑞典、挪威、瑞士、巴西、加拿大、法国、哥伦比亚、中国、奥地利、新西兰；欧洲国家能源消费维度的领先优势在供给维度被极大削弱，其中重要原因是能源资源禀赋和可再生能源发展的潜力差异；美洲的巴西、哥伦比亚、秘鲁、阿根廷、墨西哥，亚洲的中国、阿联酋、马来西亚、尼泊尔，欧洲的罗马尼亚、俄罗斯以及非洲的安哥拉等国家，也因为能源资源禀赋、能源供给保障率跃升、能源供给效率提升以及能源清洁供给等的优势跻身前 50%（见图 3-37）。风能、太阳能等可再生能源的大规模开发利用，也能改变传统化石能源视角下的资源分布，进而影响各国的能源自给率。

从不同指标分析，能源供给表现较优的国家，较好的能源资源禀赋是它们的优势之一，但是并非决定性因素。稳定的政治经济环境、良好的资金技术供给、丰富的生产管理经验、领先的科技创新等因素也是构建清洁低碳、安全高效的能源供给体系不可或缺的。具体而言，能源供给表现较优的国家在能源自给率、农村供电率、清洁烹饪比例、供电稳定性、低碳电力比例、低碳能源比例、新能源（风电、太阳能）弃电风险、有效能源供给强度、清洁电力终端用能占比、单位 GDP 的清洁能源装机量、清洁能源发电量等方面均有出色的表现。其中，挪威、安哥拉能源自给率高于 500%，伊拉克、澳大利亚、沙特阿拉伯、阿联酋、哥伦比亚、阿尔及利亚能源自给率高于 200%，印度尼西亚等 13 个国家能源自给率高于 100%，表明其能源供给安全得到较好保障；埃塞俄比亚、刚果（金）、肯尼亚、乌干达、尼泊尔等国家来自能源领域的排放极低；德国、英国、意大利、西班牙、荷兰、土耳其、瑞士、爱尔兰、以色列、奥地利、孟加拉国、埃及、丹麦、新加坡、哥伦比亚、秘鲁、苏丹、安哥拉等国家则在能源效率方面表现突出，发达国家主要得益于先进的能源技术或者非能源依赖产业的发展，发展中国家则更多得益于非能源依赖产业的发展；在可再生能源相关的指标中，巴西、挪威、越南、苏丹、莫桑比克在单位 GDP 的可再生能源发电量方面表现优异，中国则在可再生能源装机、发电量、装备产能、产量等绝对值和增量方面遥遥领先。

从总体分析，发达国家在能源供给的清洁、低碳、安全、高效方面依旧表现优异，但是相比能源消费，发展中国家在能源供给变革方面取得更好的成效。能源供给变革指数排名前 10 位、前 20 位、前 50% 的发展中国家数量分别是 3 个、6 个、12 个，而在能源消费维度，则分别只有 1 个、1 个、9 个。排名靠前的国家在能源低碳变革、供应安全、能源效率等方面的现状或者变革动力表现较为突出。其中，瑞典、挪威、瑞士、加拿大等国家的电力生产以可再生能源为主，较好地保障了本国的电力供应，并为周边其他国家提供绿色清洁电力。全球大部分国家的能源供给仍以化石能源为主，非化石能源占比较低。

能源供给未来的发展方向，首先是大规模、高比例可再生能源的开发利用；其次是电力供给渗透率的提升；再次是随着可再生能源和电气化的发展，部分能源资源禀赋较差国家的能源供给安全保障得到加强；最后是能源供给效率提升，尤其是从一次能源到终端能源的集约化、规模化转化利用。

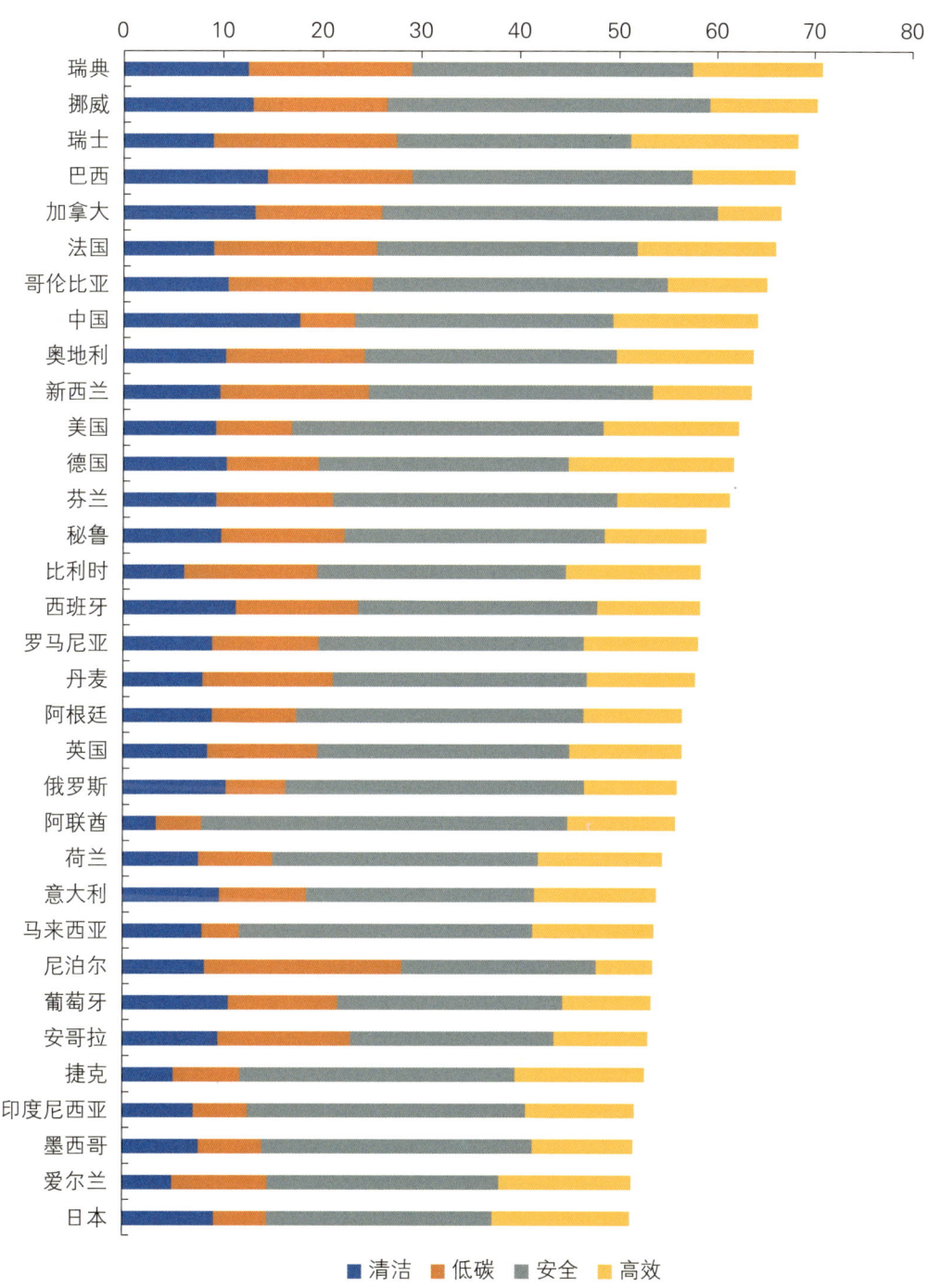

图 3-37　能源供给变革指数排名前 50% 的国家

3.3 能源技术

3.3.1 全球发展现状

(1) 新能源 + 电气化是现阶段能源变革的主流技术方案

得益于风电、光伏等新能源发电技术的蓬勃发展，以提高可再生能源开发利用水平和终端用能电气化率为主要代表的能源变革技术路线脱颖而出并占据主导地位。

新能源发电方面，近年来多种形式的可再生能源产业成本下降迅速、效率大幅提升。风电领域沿着高轮毂、长叶片、大单机容量技术路线不断演进，目前单机 5MW、10MW 及以上风电机组已成为陆上、海上风电基本配置；光伏发电领域技术路线多样化发展，组件转化效率与尺寸纪录不断刷新，电池片转换效率在 26% 以上、单块容量 550W 以上的组件已得到广泛应用。从成本角度看，2010—2022 年太阳能发电平准化度电成本（LCOE）及加权平均安装成本分别下降了 89% 和 83%，陆上风电两项指标分别下降了 69%、42%，海上风电分别下降了 59%、34%（见图 3-38），为新能源装机的大规模应用部署提供了基础装备条件。

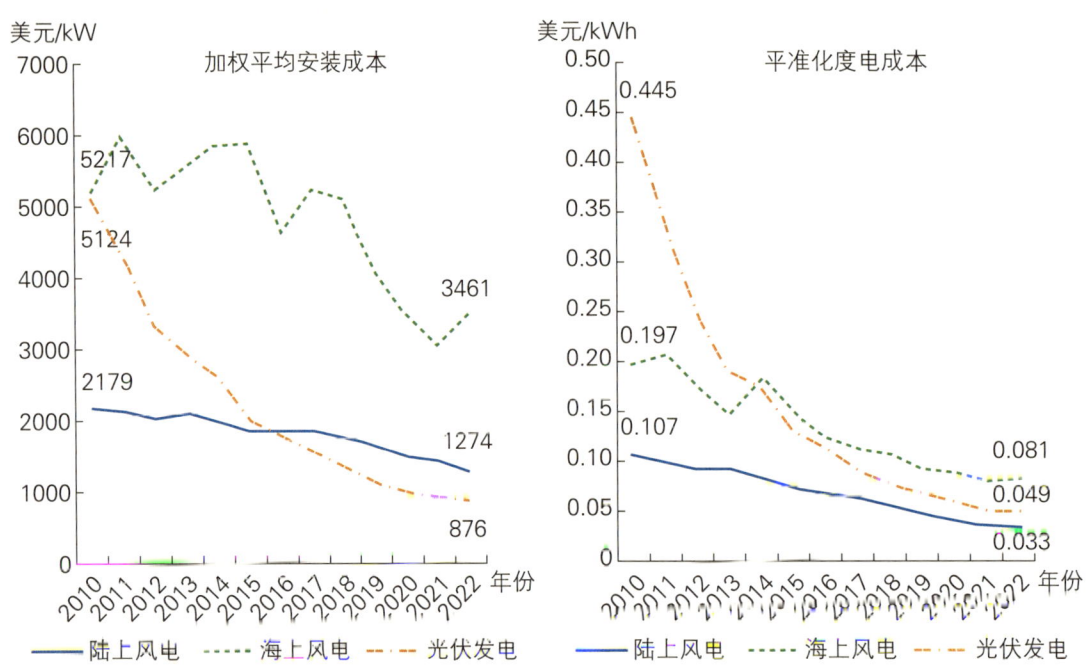

图 3-38　2010—2022 年全球新建陆上风电、海上风电、光伏发电加权平均安装成本、平准化度电成本

数据来源：IRENA《2022 年可再生能源发电成本》报告。

电气化方面，以新能源汽车、港口码头岸电为代表的终端电气化应用技术发展迅速。截至 2022 年底全球新能源汽车保有量已超过 5000 万辆，动力电池和充电设备相关技术的快速发展和渗透，使电动汽车在续航里程、充电速度等关键性能指标上也较 10 年前有了大幅提升。港口码头岸电作为船舶航运领域电气化替代的重要方式，已从早期码头为船舶提供低压岸电，逐步发展到以提供高压岸电为主的阶段。此外，电气化铁路、电采暖、电炉钢等领域电能替代技术也获得了不同程度的发展，为提高本行业用能电气化水平贡献了力量。[①]

围绕和配合新能源 + 电气化主方案，相关支撑性技术研发和设备应用方兴未艾、发展迅速。为应对可再生能源随机性、波动性、间歇性，新型储能技术、智能电网技术、灵活火电技术从不同角度出发，保障可再生能源安全可靠消纳。储能方面，据不完全统计，截至 2022 年底全球已投运电力储能项目累计装机规模为 237.2GW，年增长率达 15%。其中，新型储能累计装机规模达 45.7GW，年增长率为 80%，锂离子电池仍占据绝对主导地位，年增长率超过 85%。智能电网方面，许多国家从自身电源结构、网架结构、市场机制基本面出发，逐步建立起适应本国经济社会发展、电力安全供应、可再生能源灵活消纳的智能电网体系，通过智能变电站、智能配电网、智能电能表、智能交互终端、智能调度等软硬件设施，构筑并不断夯实能源转型的电网基石；但是，具备广泛现有电网基础设施的国家，要逐步开展老化资产到期后的更新换代工程，仍面临大量资本性支出用于对现有电网设备进行维护升级和为新增电力生产及消费进行的电网扩建。[②]

此外，带有燃料和储能双重属性的氢能技术已成为全球主要国家加快能源转型升级、培育经济新增长点的重要战略选择。2022 年全球氢气生产和消费量均达到 9500 万吨，同比增加了近 3%。其中电解水制氢仅不足 10 万吨，占比为 0.1%，同比增长 35%，电解槽制造商公布的可用生产能力高达 14GW/ 年。全球氢能全产业链关键核心技术日趋成熟、成本持续下降，风光发电制备绿氢大规模工程实践已逐步展开，氢能基础设施建设明显提速，氢能产业有望成为助力能源转型的重要技术抓手。[③]

(2) 化石能源清洁利用水平显著提高

部分依赖化石能源禀赋的国家，将化石能源清洁高效利用和低成本碳捕集、利用与封存（CCUS）

---

① 数据来源：IEA。
② 数据来源：中关村储能联盟（CNESA）。
③ 数据来源：IEA《全球氢能回顾 2023》报告。

作为实现能源转型的重要技术组成,并且已经在许多环节获得显著成果,但火电机组在兼顾自身高效性和配合可再生能源的灵活性上仍需进一步突破。

煤化工方面,清洁煤制油、煤制气取得技术进步,碳一化工领域高效催化技术已经实现大规模工业化应用。煤电方面,新建燃煤电厂普遍采取高效率、低排放的大型超临界、超超临界机组,最低供电煤耗机组记录低至249.31g/kWh;除大量落后机组已被淘汰,存量煤电机组主要通过对燃烧系统、汽水系统开展技术改造,减少二氧化碳及烟尘、二氧化硫、氮氧化物等其他污染物排放。同时,高比例废热回收技术使煤电整体效率也得到大幅提升。CCUS方面,技术路线主要集中在化学吸收、化学利用、地下储存,捕集成本高、能源消耗高、捕集效率有限、利用经济性不高、利用途径不稳定、储存容量有限、储存安全风险和成本高昂仍是CCUS面临的重要技术难题。

(3) 信息化、数字化、智能化技术助力能源变革经济高效

大数据、人工智能、移动物联网等数字信息技术与能源技术融合不断加深,在经济、安全、优质各维度和生产、传输、消费各环节加速能源变革进程。

一方面,"三化"(信息化、数字化、智能化)帮助加深对高比例可再生能源电力系统的感知程度和控制精度。越来越多的新能源电站、电力系统输变电设备、灵活可中断负荷开始采取数智化手段进行出力预测、巡检维护和生产使用管理,在提高整体运行效率的同时,有效缓解了由于高比例波动性新能源带来的电力电量平衡和安全稳定风险。在去中心化特征下,高分散度可再生能源供应体系客观上需要采取数智化手段整合系统资源,实现全局优化。

另一方面,"三化"软硬件设备为能源变革提供了市场化平台和商业化解决方案。从市场主体看,依托大数据分析、云计算、人工智能等"三化"技术打造的高阶能量管理系统、市场交易辅助决策系统、虚拟电厂资源聚合系统等可以自动满足供需双方效益效用最大化目标。从市场运营机构看,数据准确、算法科学、算力提升使得市场组织的精细化程度不断提高,例如电力现货市场已经可以实现更多节点、更短时间间隔内的出清计算。此外,采用区块链技术建立的可追溯环境权证交易系统,可以实现绿色电力环境价值捆绑或单独交易下的溯源和防伪功能,为能源绿色转型注入市场活力。

（4）颠覆性能源变革技术仍有待进一步突破

为了寻找更加高效的能源变革实现路径，各国已经展开包括常温超导、可控核聚变、光解水制氢等颠覆性能源变革技术攻关。常温超导可以实现无损耗电能传输，提高能源系统效率，降低高压输电相关成本，但能够大规模应用的常温超导材料还未现世。可控核聚变以氘、氚为原材料，其中氘元素地球储量充足，已有技术领先国家宣布在该领域取得突破性成果，但商业化应用条件远未成熟。光解水制氢可实现直接固化太阳能量，然而，最好的光催化制氢效率仅在 4% 左右，与实际应用还存在着一定的距离。能源技术变革场景见图 3-39。

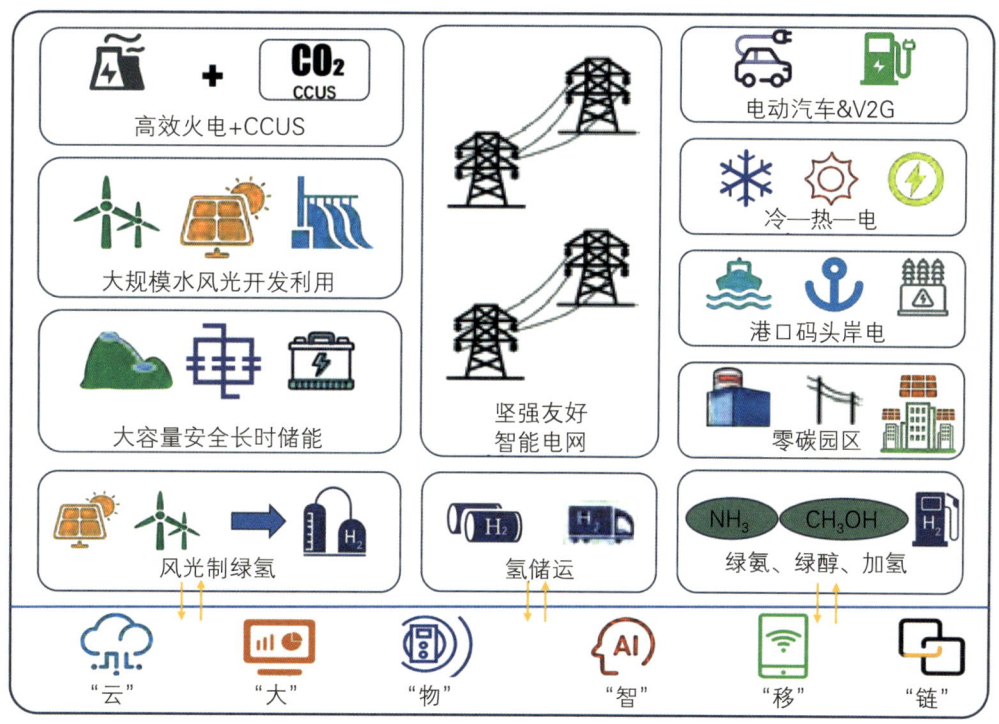

图 3-39　能源技术变革场景

3.3.2　国别评估成果

总体来看，产业基础和创新研发能力较强的欧美发达国家和全球部分新兴发展中国家，在技术方面体现了更强的实力以驱动能源转型。

从所属地区和具体国家看，西欧法国、德国、英国，东亚中国、日本、韩国，北美美国、加拿大在能源转型技术方面排在全球前列，此外，南亚印度、北欧瑞典也排在前10位。其中，美国、中国、日本的能源变革技术指数排名前3位。排名11~20位的包括位于欧洲的发达国家以及澳大利亚、新加坡。排名21~32位的其他12个中位数以前国家，来自亚洲、美洲、欧洲、非洲的发展中国家占据2/3，主要包括土耳其、巴西、俄罗斯、波兰、墨西哥等国，其余为欧洲其他发达国家。排在33~65位的中位数及以后国家，除以色列、新西兰属于发达经济体，其余均位于亚洲、非洲、南美洲等地区（见图3-40）。

从表现维度和具体指标看，在装备制造能力方面，中国、美国、日本、韩国、德国排名前5位，这5国在风电机组和光伏组件产能、储能和氢能产业链供应水平和发展阶段、电力相关基础设施进出口等多个方面均得分较高。在其他排名靠前的国家中，韩国和印度的光伏组件产能、加拿大和英国的储能电池供应链水平、挪威和法国等国的氢能产业发展阶段相对突出。在工程建设能力方面，中国、美国、加拿大、英国、法国排名前5位，这5国在全球工程设计及承包商企业数量及得分、电力输配及风光水可再生能源设计及承包商收入水平方面得分较高，例如在《工程新闻记录》公布的2022年全球工程设计及承包商企业排名中，前20位中国占据6个且排名均靠前列，美国、加拿大分别拥有5个和3个。在科技研发能力方面，德国、美国、中国、日本、英国排名前5位，这5国在与可再生能源有关的PCT公布数量、未上市新能源创新企业融资额、中高端制造业生产及出口占比、UNIDO CIP指数、QS电子电气工程专业大学排名及数量中的大多数方面得分靠前。例如，美国、英国和中国QS电子电气工程专业大学排名前500的数量分别为78所、38所和37所，合计占比超过30%，日本、中国、美国2019—2021年公布的与可再生能源有关的PCT数量分别为1738个、1478个、1362个，占前65个国家总量的48.7%，德国、中国最近一次调查（2021年）的CIP指数分别为0.404和0.374，排名全球前两位。其他排名靠前的国家中，新加坡、瑞士、韩国中高端制造业生产占比和出口占比分别为81.8%、68.0%、63.6%和76.1%、70.8%、75.9%，均名列前茅。印度未上市新能源创业企业2021年至2023年上半年累计获得风险或私募投资168笔（不完全统计），仅次于美国、中国、英国。

排名靠后的国家能源变革起步相对较晚、基础薄弱，普遍缺乏高质足量的能源变革相关企业、机构和高校，在上述维度和指标中体现出的竞争力相对较弱。当今各国能源产业链相互补充、相互依赖，科技创新思路也存在相互碰撞的空间，客观上需要能源技术在更大范围内合作共享，以加速推动全球能源转型。

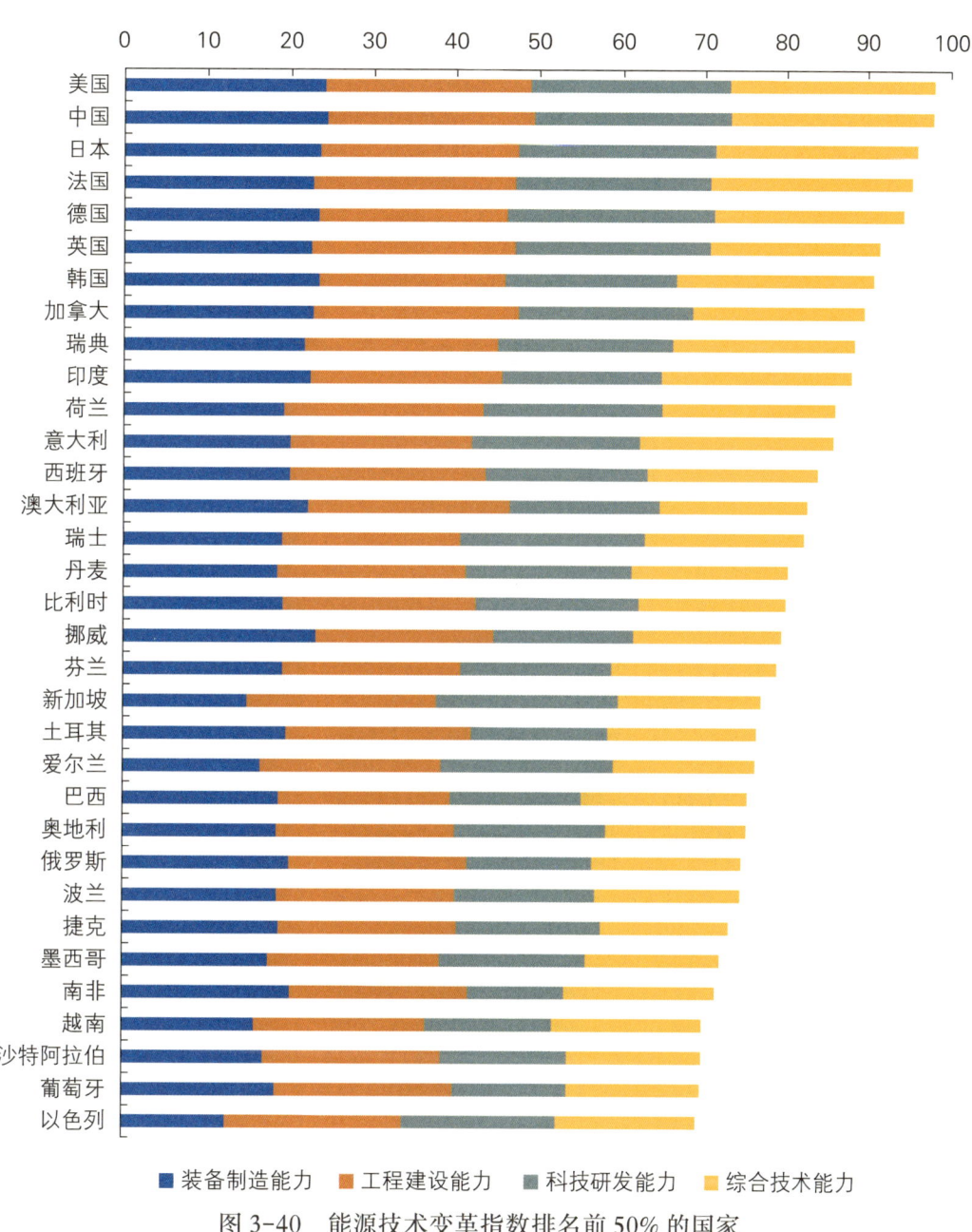

图 3-40　能源技术变革指数排名前 50% 的国家

3.4 能源体制

3.4.1 全球发展现状

越来越多的国家明确提出了"净零"或"碳中和"目标。气候变化是当今世界面临的最大挑战之一,也是各国政府和民众共同关注的重大议题。为了应对气候危机,各国都制定了自己的碳减排目标。截至2023年6月，全球共有150个国家和地区提出了"净零"或"碳中和"目标，其中有26个国家将"净零"或"碳中和"写进法律，48个国家制定了明确的"净零"或"碳中和"政策[①]。大部分欧美国家的法律法规或者政策宣示将碳中和的目标定于2050年，德国和瑞典提出于2045年实现碳中和。中国、印度、泰国等新兴经济体通过政策宣示将碳中和目标定于2060年及以后，其中印度通过政策宣示将于2070年实现碳中和。截至目前，全球做出了"净零"承诺的国家占全球经济总量超过了90%。全球部分国家、地区"净零"或"碳中和"目标提出情况见图3-41。

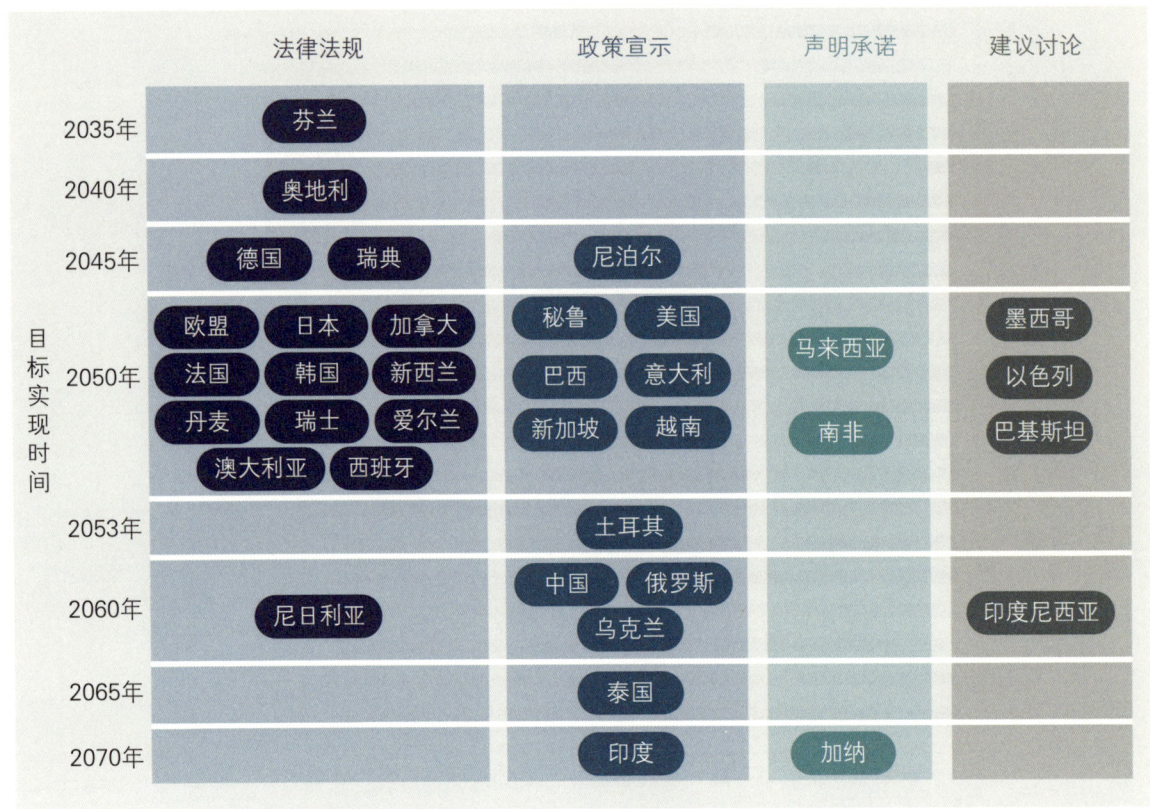

图3-41　全球部分国家、地区"净零"或"碳中和"目标提出情况

数据来源：Energy & Climate Intelligence Unit。

经济发展和能源转型进度的差异使得不同国家需要的转型力度不一。能源相关碳排放在温室气体排放中占据主导地位。在能源安全、环境污染等因素的驱动下，很多欧美国家在20世纪50年代至70年代便开始以核能、减煤等为核心的能源转型。在19世纪以前完成工业化革命进入发达经济体后，大部分欧美国家在进入21世纪之前便实现了温室气体排放和能源消费达峰，为后续碳中和奠定了较

---

① Energy & Climate Intelligence Unit, https://eciu.net/netzerotracker。

好的基础。从"双碳"目标实现时间差来看,达峰年份较早的法国、英国碳达峰和碳中和间隔的年份接近 80 年,德国碳中和目标设定较早,但两者间隔时间也长达 66 年。中国、印度、大部分东盟成员国等新兴经济体国家仍处于工业化发展阶段,经济将继续处于快速增长阶段,很可能还需要伴随着一定时间内的碳排放和能源消费的持续增长。虽然大部分新兴国家碳中和目标年份在 2060 年及以后,晚于欧美发达国家 21 世纪中叶的碳中和实现目标,但普遍需要在不到 40 年的时间内先后实现碳达峰和碳中和,需要更大的能源转型力度在保障能源安全的前提下实现碳排放的快速下降。

推动化石能源角色转变直至有序退出的政策机制是能源变革的重要方面。全球温室气体排放中有超过 60% 来自以化石能源为主的能源领域碳排放。2022 年,全球能源消费结构中化石能源仍然占据超过 80% 的高比例,在保障能源安全的前提下逐步推动化石能源的有序退出是各国面临的共同挑战。很多国家和地区都尝试通过政策减少化石能源的投资和使用。比利时最后一家燃煤电厂于 2016 年 3 月关闭,成为欧洲第一个退出煤炭的国家。法国、英国、德国、波兰等国家相继提出本国的退煤计划,大部分在 2030 年前逐步淘汰煤电。欧盟将在《联合国气候变化框架公约》缔约方大会(COP)28 上推动全球承诺"在 2050 年之前"逐步淘汰化石能源。俄乌冲突引发能源紧缺,欧洲部分国家重启燃煤发电,但大部分只是能源安全保障下的临时选择,总体上不影响其减排目标的实现。由于发展阶段不同,很多发展中国家无法立刻选择终止化石能源的使用,但也在尝试推动化石能源从供给主体向灵活性支撑的地位转变,比如中国政府在《新型电力系统发展蓝皮书》中提出要加快煤电清洁低碳化发展和灵活调节性电源并重转型。对于化石能源结合 CCUS 的转型路径,美国、英国、澳大利亚、欧盟等发达国家和地区将 CCUS 作为减排的技术路线之一,美国等国家还出台税收减免的鼓励建设 CCUS 项目。

发展可再生能源是应对气候变化和推动能源变革的核心途径。与化石能源相比,风电、光伏等可再生能源在全球范围内具有更强的普及性和可获取性,发展可再生能源成为各国降低能源对外依存度、保障能源安全、应对气候变化的共同选择。截至 2023 年 8 月,有超过 100 个国家制定了可再生能源支持政策,146 个国家设定可再生能源电力目标。为了推动本国可再生能源的发展,各国根据本国国情研究出台了相应的支持政策和激励措施,并结合发电技术进步和成本下降适时调整政策。主要的激励政策包括设定目标、上网电价政策、可再生能源配额制、可再生能源竞拍、净电量计量等。

在发展初期,欧美大部分国家出台了税收优惠、固定电价补贴等措施扶持可再生能源的发展。如美国自 2006 年以来,一直实施投资税收抵减政策(Investment Tax Credit, ITC),允许从联邦税收中扣除 30% 的安装太阳能系统成本。加拿大部分省份推行"气候行动激励基金",当地企业如果能够投资绿色技术（包括光伏、水电、风电等），将能够获得最高达项目成本 25% 的政府补贴。随着产业的发展和成本下降，可再生能源支持政策更多的是通过市场机制的调整和创新提升可再生能源市场竞争能力。比如德国自 2017 年起不再以政府指定价格收购绿色电力，而是通过市场竞价发放补贴。英国通过差价合约等机制将市场作用和政府扶持有机结合，有效促进海上风电的持续健康发展。从新兴国家的政策情况来看，可再生能源竞拍和上网电价政策是鼓励可再生能源发展的主要措施。在 107 个新兴市场中，有 73 个国家实行了上网电价、竞拍政策中的一项或者两项。其中，有 60 个市场实施了竞拍政策，有 32 个国家实施了上网电价政策，另有 19 个国家同时实施了以上两项政策。

适应新能源供给消纳体系的政策供给有待进一步加强。为了适应新能源占比的不断提升，整个能源电力系统需要面临较大的转变和重塑。在供给环节，风光等新能源适应电力系统扰动，进而主动支撑系统稳定的技术能力进一步提升，进而将新能源转化为稳定电力供给。在输配环节，由于风光资源富集区可能与电力负荷区存在空间错配，需要建设高效、智能的适应新能源发电特性的长距离输电通道。在消纳环节，需要培育和发展更多的灵活用电形式，以便与新能源天然波动性相匹配，减少整个系统的灵活性调节成本。建设新型能源体系是一项复杂工程和长期任务，离不开有为政府的积极引导和政策保障，需要通过差价合约、长期购电协议、可再生能源配额制、绿证机制、碳市场交易机制等多种机制激发各种新模式、新业态发展活力。

3.4.2 国别评估成果

在能源体制方面，发达国家得分相对较高，主要得益于其较为完善的能源变革政策体系与市场机制，包括加快发展可再生能源、氢能等清洁能源利用的政策措施，其中芬兰、英国和德国位列前三。

从减排政策准则层的相关指标来看，由于大部分国家在《巴黎协定》框架下提交了国家自主贡献目标，并根据国家特点与最新发展情况及时更新目标，不同国家在国家自主贡献目标方面得分差别不大。将碳中和目标年份设定为较早年份的欧美发达国家"净零"政策得分相对较高，而将目标年份设定为 2060 年及以后的新兴经济体得分稍低。由于很多发达国家在进入 21 世纪以前便实现了碳达峰，有长达 50~70 年的时间实现碳中和，而大部分发展中国家碳排放和能源消费尚处于上升阶段，在 30~50 年的时间内先后实现碳达峰和碳中和，必须有更强的能源变革决心与力度，因而发展中国家在双碳目标时间差得分较高。总体而言，发达国家和新兴国家在减排政策准则层的得分差别不大，大部分在 20 分以上。

从市场机制和行业政策准则层的相关指标来看，发达国家市场发展更为成熟，采用灵活的市场机制设计鼓励清洁能源的规模化使用，同时通过能效计划、鼓励企业出台减排政策、设定清洁交通目标、提升电网消纳能力等方面的有力政策，营造清洁能源发展的良好环境，因而发达国家在市场机制和行业政策方面得分普遍较高。

从能源体制总得分情况来看，在总得分排名前 50% 的国家中发达国家占 2/3 以上，主要分布在欧洲和北美洲。排名前 10 的除了中国和智利是发展中国家以外，其余为欧洲的发达国家（见图 3-42）。

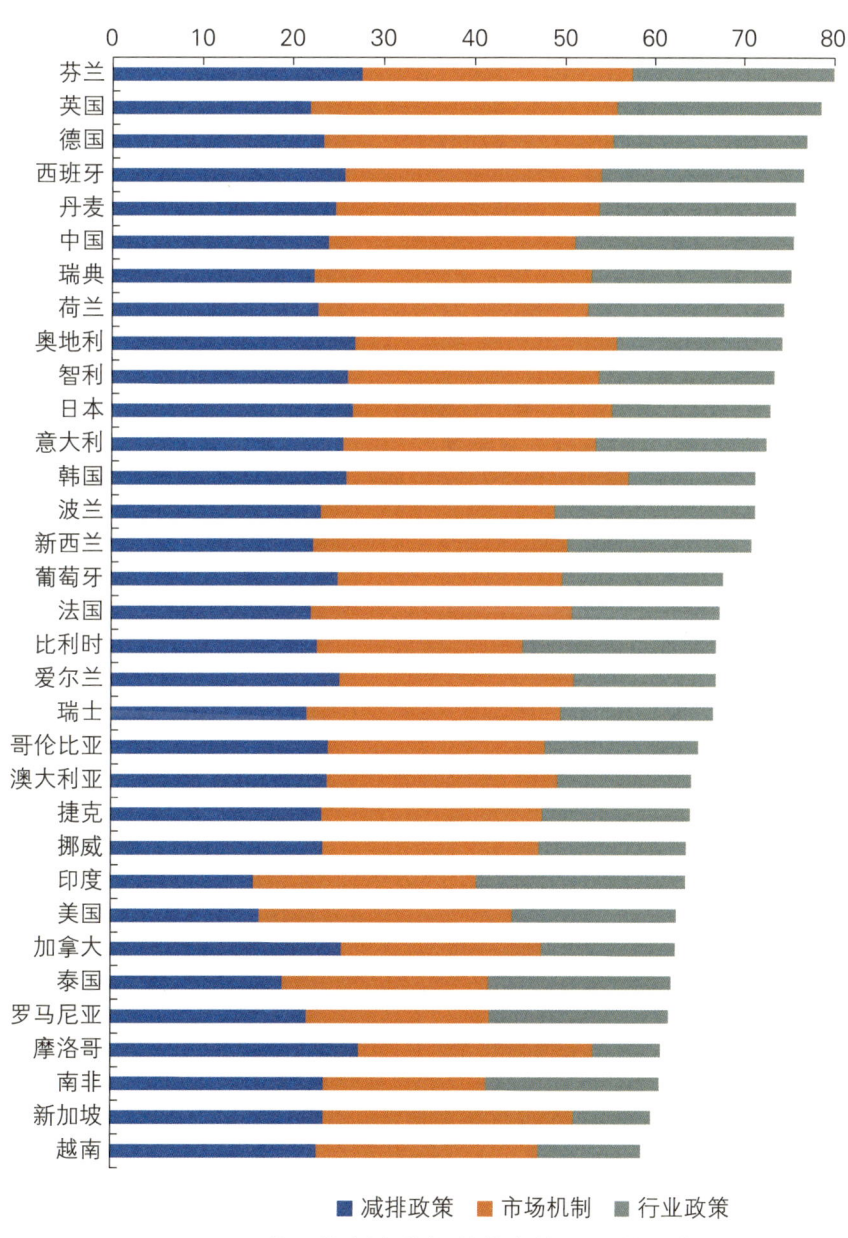

图 3-42　能源体制变革指数排名前 50% 的国家

3.5 国际合作

3.5.1 全球发展现状

近年来，世界各国在推动本国能源变革与发展的同时，围绕全球治理、国际贸易、国际投资等领域积极开展交流与合作，通过互学互鉴、共赢发展，携手应对能源危机、气候变化等全球性挑战。

(1) 能源治理成为全球热点，清洁能源合作亮点纷呈

21世纪以来，能源治理与国际合作已成为全球最受关注的议题之一，多元化的全球能源治理模式逐渐形成。一方面，能源治理行动国数量大大增加，新兴经济体积极参与全球治理。中国与29个国家共同发起成立"一带一路"能源合作伙伴关系，秉承共商共建共享原则，务实推进"一带一路"能源合作，助力全球绿色低碳能源转型。来自加勒比、太平洋、大西洋、印度洋和南海地区的38个小岛屿发展中国家发起"小岛屿发展中国家灯塔倡议"，推进小岛屿发展中国家能源转型和气候行动，大力部署小岛屿发展中国家可再生能源装机，加速全球能源转型进程。另一方面，能源治理合作机制、国际组织、重要活动不断涌现，逐步完善全球能源治理运作机制。《联合国气候变化框架公约》缔约方大会、二十国集团、清洁能源部长会议等合作机制为加强顶层设计、制定全球目标战略搭建了合作平台；国际可再生能源署、国际能源署等国际组织为全球能源变革提供了政策建议和实践经验；国际能源变革论坛、柏林能源转型对话等为各国加强对话交流、深化务实合作提供了重要渠道。

治理主体多样化的同时，全球能源治理的议题也更加多样化，在治理内涵上有了新的突破。能源治理的核心从传统能源供应保障，逐步拓展到能源可持续发展的各个层面，以扩大可再生能源利用、减少化石能源使用、节能增效等议题为重心的多边治理机制纷纷登上国际舞台。例如，作为全球气候与能源行动的引领者，COP屡次推动全球能源治理走向新阶段。COP21通过《巴黎协定》，将"全球升温控制在1.5℃以下"作为全球能源变革的目标，成为诸多能源国际合作的愿景之一；COP26通过《格拉斯哥气候公约》，强调扩大清洁能源规模的重要性，推动签署国逐步减少煤炭使用和逐步取

消化石燃料补贴，批准建立全球碳市场框架的规则；COP27 历史性地设立"损失和损害"赔偿机制，旨在帮助遭受气候变化影响较大的国家应对气候灾害。在此机制下，美国和欧盟等长期观望的国家和组织首次同意建立全球性基金。

其他组织与平台也纷纷发出新倡议。IRENA 呼吁全球加速推进能源转型，广泛采用和可持续利用各种形式的可再生能源，并在其发布的《世界能源转型展望》报告中推广"到 2030 年将全球可再生能源装机容量增至三倍"的目标和"1.5℃"的转型路径。IRENA 还就海上可再生能源、绿氢、公正包容的能源转型等关键议题建立了合作框架，促进成员国和其他利益攸关方进行对话、知识交流与点对点协作。

二十国集团（G20）通过《二十国集团领导人巴厘岛峰会宣言》《二十国集团能源部长声明》《二十国集团能效引领计划》等官方文件，向国际社会展示 G20 在保证能源安全、推进能源转型、实现气候目标等方面的决心；联合国"人人享有可持续能源"倡议设定到 2030 年确保全球普及现代能源服务、能源效率实现翻番、可再生能源在能源消费结构占比翻番的战略目标。能源治理主体的多样化、能源治理议题的激增，也导致各主体间治理权和话语权的重叠甚至竞争。未来应进一步加强各方的配合与协作，形成合力，为全球能源变革与发展做出积极贡献。

全球能源治理平台见图 3-43。

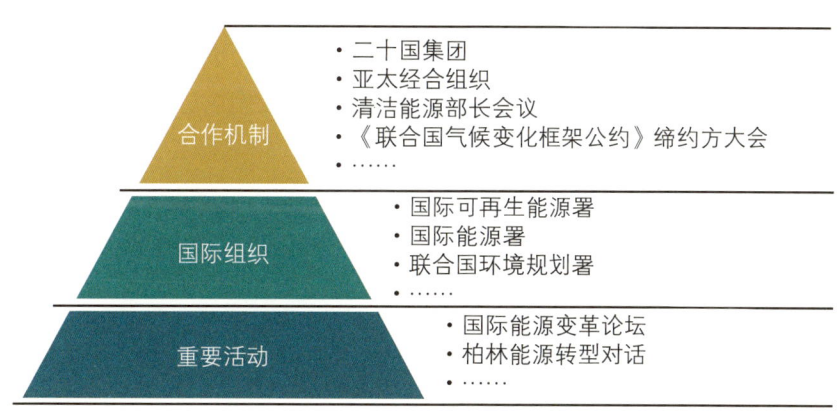

图 3-43　全球能源治理平台

（2）化石能源仍占据能源国际贸易主体地位，但清洁能源进出口规模快速扩大

在化石能源方面，2021 年，原油和成品油交易量超过 32 亿吨，LNG（液化天然气）交易

量超过 5100 亿立方米，煤炭出口量达到 13.7 亿吨，化石能源仍然主导能源国际贸易市场。此外，地缘政治因素重塑全球化石燃料贸易格局。乌克兰危机爆发后，欧盟对俄石油禁运协议达成，俄罗斯减少对欧洲管道天然气供应，国际油气与煤炭价格均出现"地缘政治溢价"，保持高位震荡：布伦特原油结算价最高达到 127.98 美元/桶，为 2008 年 7 月底以来最高价；欧洲煤炭价格从 2022 年初的 50 美元/吨迅速飙升至 200 美元/吨。国际化石能源贸易流向也出现变化，亚洲加大来自俄罗斯的原油进口量，俄罗斯出口至亚洲的原油份额从 2021 年的 40% 增长至 50%；欧洲增加来自美洲、非洲、中东原油进口量，各国在地缘政治博弈中实现全球原油贸易的再平衡。

在清洁能源方面，随着光伏、风电、电动汽车等清洁能源产业的迅猛发展，相关产品和原材料的国际贸易额正在快速增加。风机出口规模不断扩大。2022 年，德国与丹麦风机出口量均超过 12GW，美国风机出口达到 4GW，中国风机出口接近 2GW。光伏设备进出口贸易规模持续增长。2022 年，美国光伏组件进口总额同比增长约 30%，达到 30GW，进口主要来自东南亚；欧洲光伏组件进口总额同比增长一倍，进口总量达到 80GW。2021 年 1 月至 2023 年 6 月美国光伏组件进口情况见图 3-44；2021 年 1 月至 2023 年 6 月欧洲光伏组件进口情况见图 3-45。

同时，石油、天然气市场的不稳定使欧盟等地区意识到寻找能源替代品的紧迫性，其政策设计和资金已开始向可再生能源倾斜。例如，德国要求自 2024 年开始新安装的供暖系统必须使用 65% 的可再生能源，法国使用最高可达 9000 欧元的补贴激励各家各户用可再生能源供暖（如热泵和生物质加热器）等。可见，清洁能源市场将得到进一步拓展，跨境贸易或出现新增长点。部分国家开始推行反倾销、反补贴等贸易保护主义措施，配合碳边境关税政策及可再生能源产业政策，企图通过设置贸易壁垒，帮助本土企业提高市场份额，争夺在产业链供应链中的主导权，将能源领域问题"政治化"。例如，2023 年 9 月 13 日，欧盟委员会主席冯德莱恩宣布，将启动对中国电动汽车反补贴调查，这一举措损坏全球应对气候变化和能源领域合作基础，对全球碳减排进程形成阻碍。

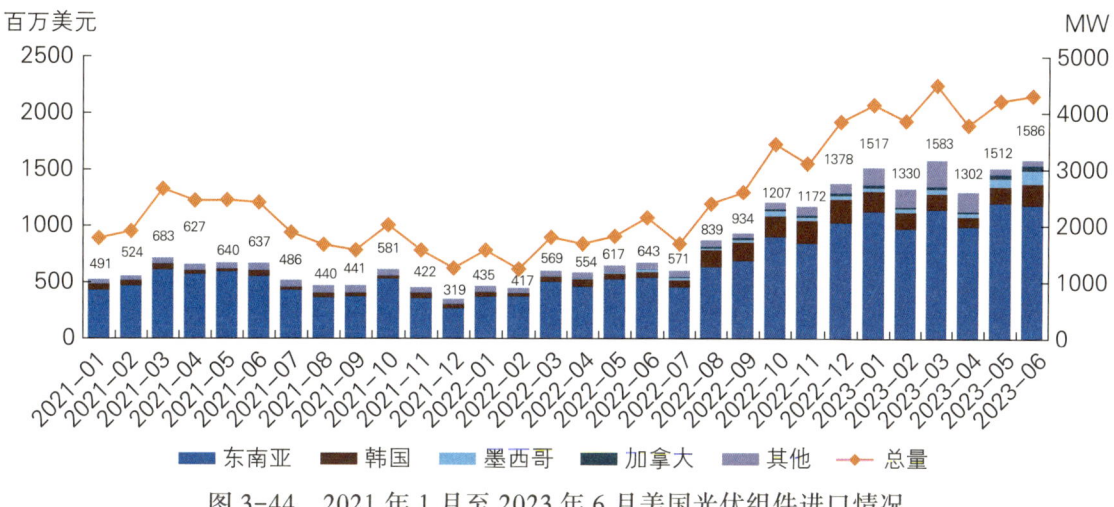

图 3-44　2021 年 1 月至 2023 年 6 月美国光伏组件进口情况

图 3-45　2021 年 1 月至 2023 年 6 月欧洲光伏组件进口情况

（3）全球能源变革投资创新高，但发展中国家投资缺口仍然较大

尽管面临疫情反复、地缘政治紧张、原材料价格波动等诸多挑战，2022 年全球能源变革投资首次与化石能源投资持平，达到 1.1 万亿美元，同比增长 30%，发展势头强劲；然而，全球能源变革投资发展不均衡。

2013—2022 年能源变革投资前 10 位国家见图 3-46。

首先，投资集中在少数技术上，平均每年有 90% 的可再生能源投资流向发电部门，其中太阳能发电和风电吸引绝大部分投资。对终端消费部门的年均投资仅占 10%，到 2022 年，用于终端消费应用的可再生能源投资份额已下滑至 3%（见图 3-47）。由于长期缺乏对光热、热泵、生物质锅炉等终端消费和运输的投资，全球能源系统仍无法摆脱对化石燃料的依赖。

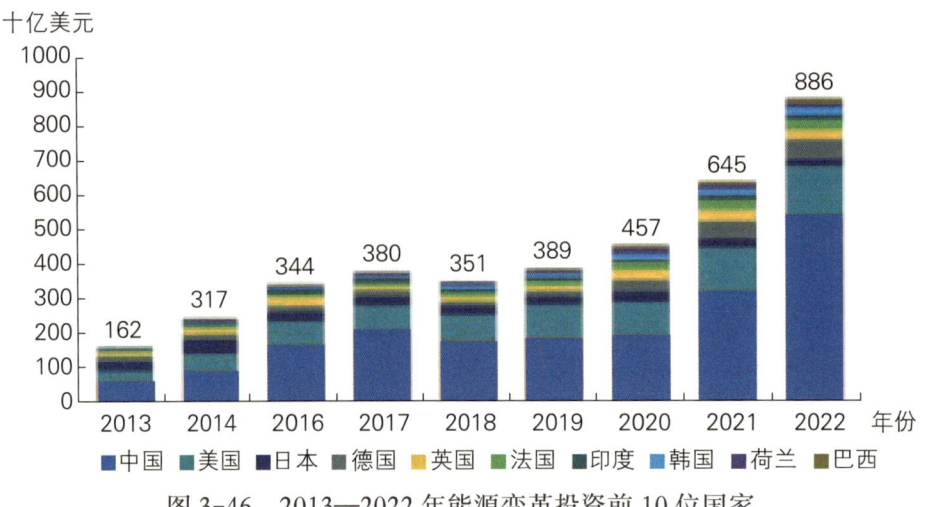

图 3-46　2013—2022 年能源变革投资前 10 位国家

注：2015 年数据暂缺。

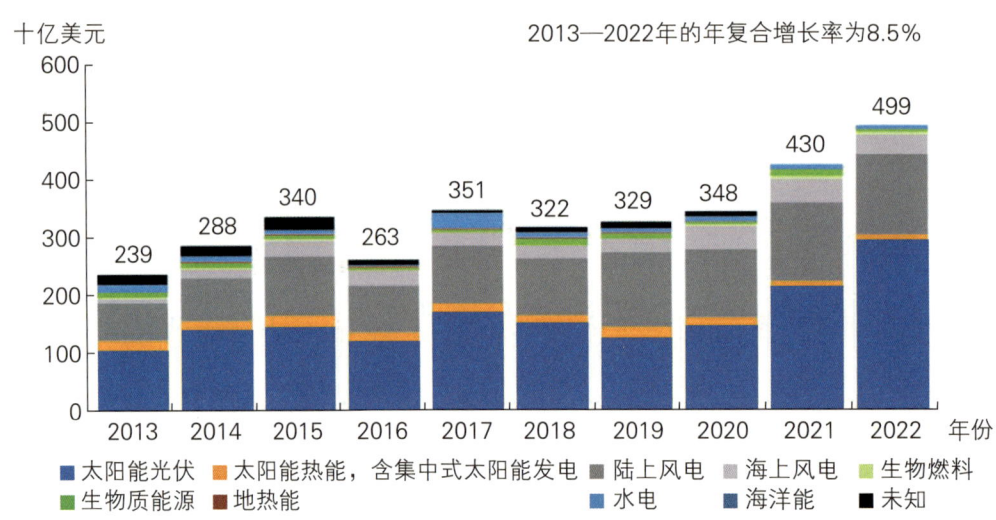

图 3-47　2013—2022 年按技术划分的可再生能源投资

数据来源：IRENA。

其次，投资集中在部分国家和地区，2022 年超过 50% 的世界人口仅获得 15% 的能源变革投资，发展中国家和新兴市场获得的投资仍然有限。造成投资地区间差距的关键原因是，可再生能源投资主要由私营资本构成：2013—2020 年，私营部门投资占投资总额的 75%。由于私营资本偏好低风险的投资环境，并将经济回报置于社会、环境和气候相关收益之上，所以大多数资金流向了拥有成熟市场的发达国家。环境风险较高的发展中国家不仅难以吸引私营部门的投资，也无法负担减轻投资风险的高昂成本，导致公共部门资金成为主要支柱。然而，全球公共投资总额持续下滑，2021 年公共资金流量达 108 亿美元，相比 2020 年下降 11%，比 2010—2019 年的平均水平低 35%，仅为 2017 年高峰期 264 亿美元的 40% 左右。由于公共资金数额有限，国内财政支出仅支持本土项目，国际公共资金尚未实现有效调动，发展中国家对公共投资的需求缺口难以弥补，全球能源变革发展失衡加剧。2013—2022 年按目标地区划分的可再生能源投资见图 3-48。

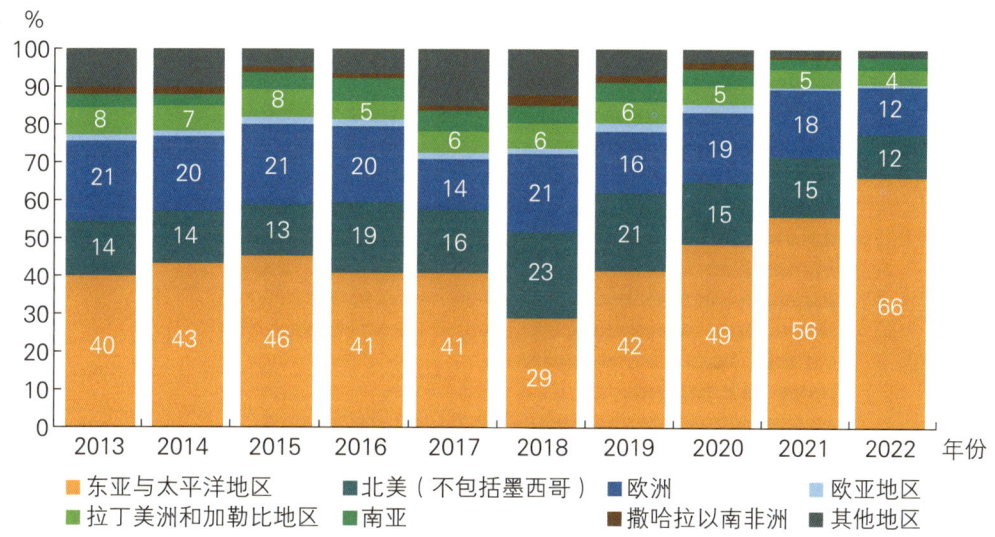

图 3-48　2013—2022 年按目标地区划分的可再生能源投资

数据来源：IRENA。

3.5.2　国别评估成果

从所属地区和具体国家看，国际合作变革方面排名前 10 位的国家基本由欧美发达国家构成，德国、美国与英国位居前 3；中国是唯一入围前 10 位的发展中国家，排名第 8 位。在排名 11~32 位的中位数以前国家中，发达国家与发展中国家数量基本一致，但发达国家仍然保持排名靠前的趋势，在排名 11~20 位的国家中占有 7 席。发展中国家主要分布在 21~32 位，少数分布在 11~20 位，阿联酋位居第 11，仅以微小差距落后于丹麦。中位数以前的国家地理位置分布广泛，主要位于欧洲、亚洲、大洋洲、南美洲。坦桑尼亚作为唯一非洲国家，跻身于国际合作表现中上游国家之列。总体来看，发达国家和部分新兴市场国家在国际合作方面表现更好，发展中国家仍有较大提升空间。国际合作变革指数排名前 50% 的国家见图 3-49。

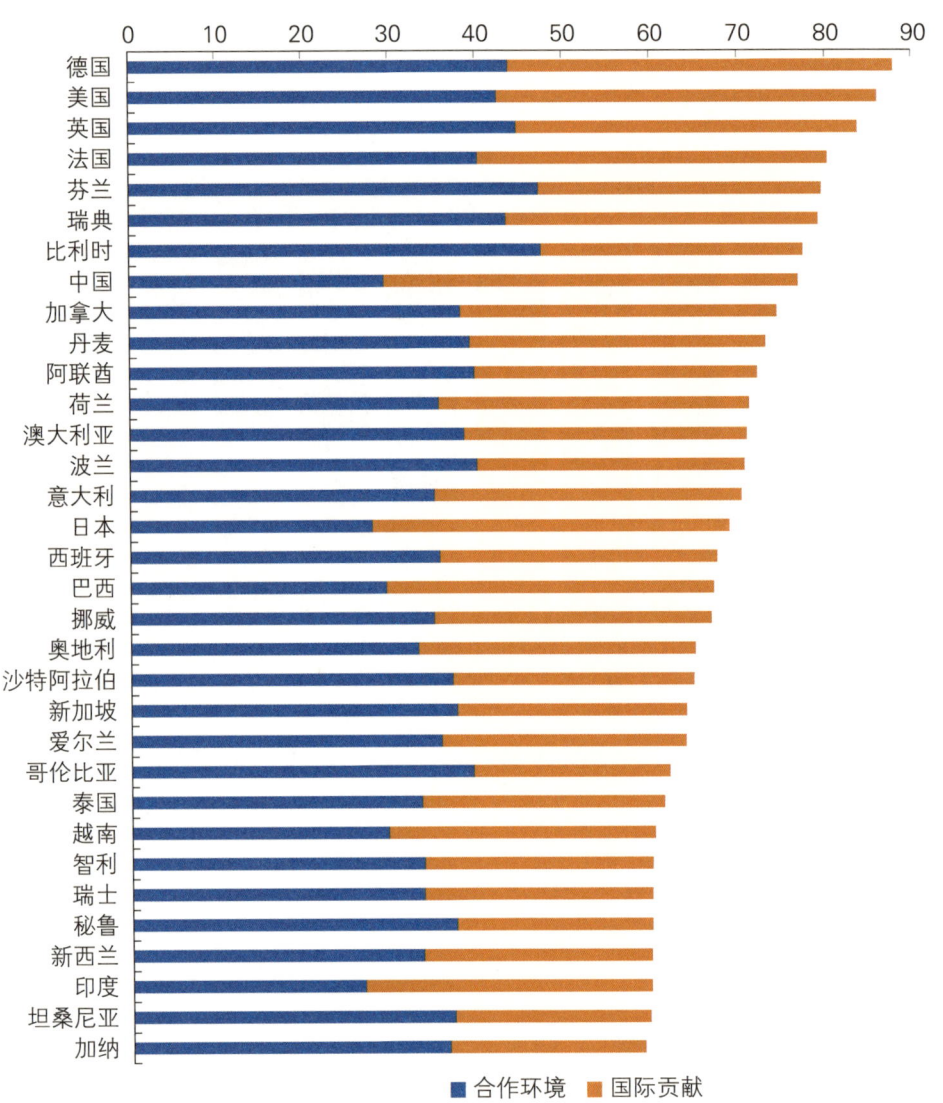

图 3-49　国际合作变革指数排名前 50% 的国家

从表现维度和具体指标看， 在合作环境方面，发达国家普遍得分较高，德国、美国与英国位居前3。其良好的营商环境和主权评级、较高的外商投资比例和更加稳定的货币等，有助于为可再生能源项目提供规范、透明和公平的市场条件和稳定、安全的社会环境，从而降低项目开发运营的成本和风险，提高项目的运营效率和经济效益，增强国际投资者的信心，加深合作伙伴之间的互信互惠。具体来看，新西兰在政治治理环境、营商环境指标均排在首位，德国、加拿大、瑞士、荷兰、丹麦和澳大利亚国家主权信用评级获得满分。

从国际贡献方面看， 中国、德国与美国在境外能源投资、风电、光伏、电池等新能源产品的生产与出口等方面表现突出，位列前3。具体来看，中国在能源转型投资指标方面遥遥领先，5 年投资总额是第 2 名美国的将近 3 倍。中国同样在光伏、电芯产能等方面表现出色，分别以 542.5GW、1.4 亿 kWh 位居榜首。德国则以 12GW 在风机出口指标排名第一。

3.6 综合评估

如图 3-50 所示，综合能源消费、能源供给、能源技术、能源体制、国际合作五个维度，欧美等发达国家在综合排名中占据前列，这主要得益于这些国家资金雄厚、技术领先、产业成熟，并且在国

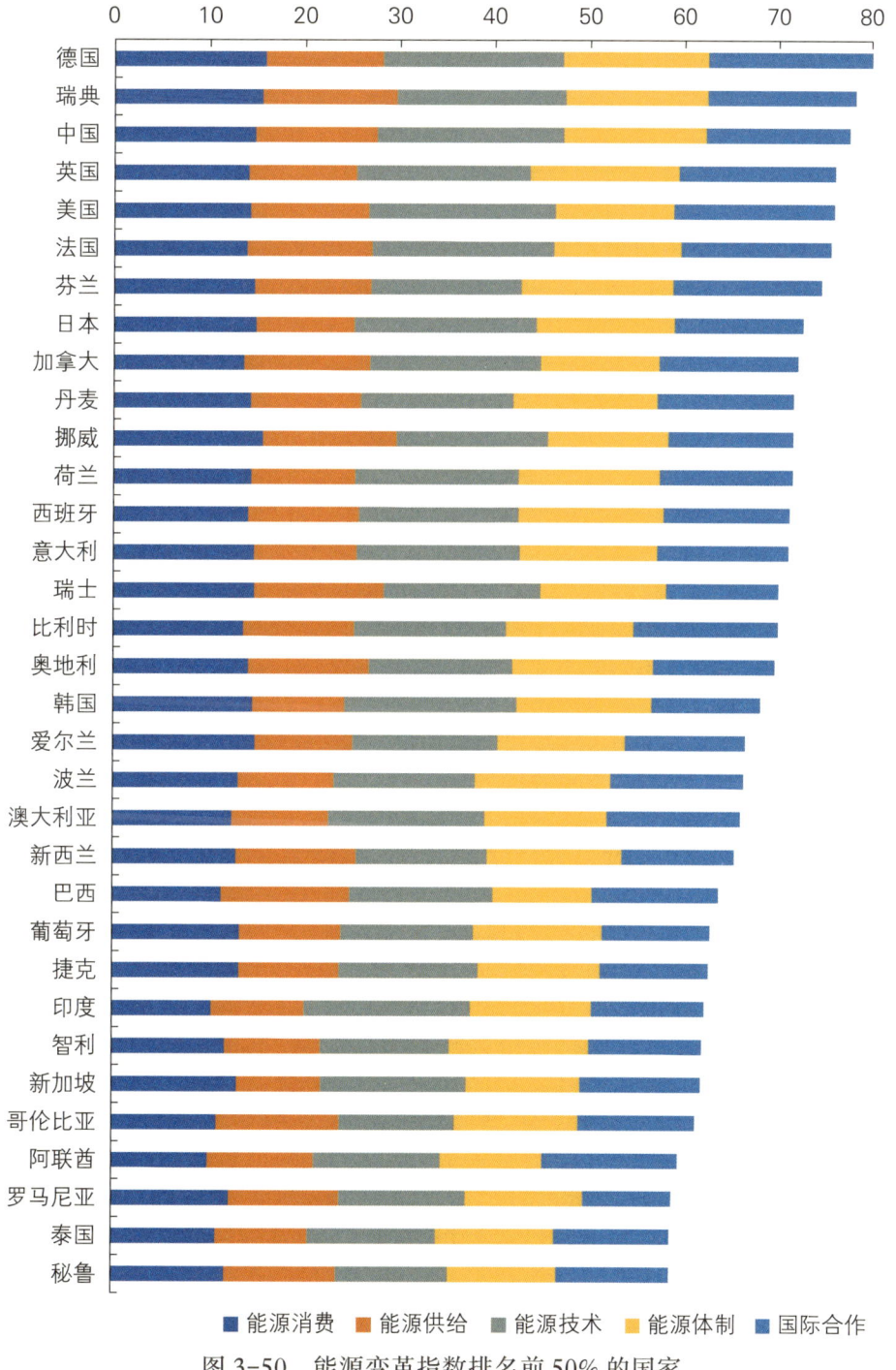

图 3-50 能源变革指数排名前 50% 的国家

际合作中处于主导地位，因此占据了能源变革的先机。排名靠前的国家之间的差距并不大，第1名和第10名综合排名的分数相差仅为10%，这表明没有任何一个国家在各个维度上都占有绝对的领先优势。为实现《巴黎协定》的目标，各国都需要做出更多的努力。在不同维度上，不同国家各有相对优势，这表明各国有互相合作、取长补短的空间，实现《巴黎协定》目标需要依靠全球各国的共同努力，应对气候变化需要的是更为深入的合作。

德国位居榜首，成为全球能源变革的典范。这主要因为德国在能源消费、能源技术、能源体制、国际合作方面都处于领先地位。德国从2000年起就率先实施了对可再生能源项目的补贴政策，促进了风电和光伏装机容量的增长和技术的进步，以及相关技术和制造业的发展。不仅如此，德国更加积极地提出了在工业、交通和建筑领域的减排目标，比欧盟2050年的碳中和目标提前了5年。然而，德国在能源供给方面也有劣势。德国在该指标上的排名仅为第12，主要因为其在能源消费的低碳和安全两个维度与其他国家相比表现一般。一方面，化石能源在德国的能源消费中依然占有较大的比例；另一方面，德国对于天然气进口的依存度很大，且电力系统的灵活性因为退核退煤的进程而面临严峻挑战。

作为最大的发展中国家，中国从中央政府到地方各级政府、从科技研发到产业应用均大力推进、支持能源变革，可再生能源发电装机规模、新能源汽车销量稳居世界第一；相应领域的制造业飞速发展，产业链完备度大幅提升，对能源变革国际投资和贸易贡献较大。因此，中国在能源体制和能源技术方面取得不俗的成绩，为新兴经济体以及广大发展中国家能源变革做出了表率。

相对于发达国家而言，大量发展中国家的排名靠后，特别是撒哈拉以南非洲和中亚地区，排名相对靠后的20个国家几乎都集中在这些区域。一方面，这些国家普遍还处于能源需求快速增长阶段，化石能源占比较高；另一方面，这些国家缺乏应对气候变化所需的相关技术和制造业产业能力。因此，政府也难以推动积极的政策目标以弥补差距。

总体来看，为应对气候变化和保障能源安全，世界各国普遍加快了可再生能源利用，提高了终端能源电气化水平，提升了能源效率，建立了较为完善的政策体系，有力地推动了能源变革。然而，发展中国家普遍还处于能源需求增长阶段，化石能源占比较高，抵御气候风险的能力较弱，推动能源变革的挑战与困难更大，在资金、技术、产业、体制与国际合作等方面仍有较大提升空间。国际社会亟须加强南北合作，进一步帮助和支持发展中国家能源变革，共同应对气候变化等全球性挑战，推动经济社会可持续发展。

3.7 典型国别分析

3.7.1 德国

德国在能源变革指数评估中位居榜首，成为全球能源变革的典范。德国在能源消费、能源技术、能源体制和国际合作方面都处于领先地位。德国从2000年起就率先实施了对可再生能源项目的补贴政策，促进了风电和光伏装机容量的快速增长和技术的进步，德国电源结构中可再生能源占比较高。在能源政策方面，德国提出了更具雄心的2045年实现碳中和的目标，比欧盟2050年的碳中和目标提前了5年，并且建立了较为完善的电力市场化机制。在能源消费方面，德国的电气化率、能效、能源强度等指标表现都较好。能源技术研发投入大，技术发展水平整体领先；同时积极参与各项国际合作，为全球能源变革转型做出了积极贡献。然而，德国也存在能源供给方面的相对不足。一方面，化石能源在德国的能源消费中依然占有较大的比例，依赖燃气供电、供热的瓶颈仍制约着转型变革；另一方面，德国对于化石燃料进口的依存度大，且电力系统的灵活性稳定性也因为退核退煤的进程而面临严峻挑战。德国综合评估结果见图3-51。

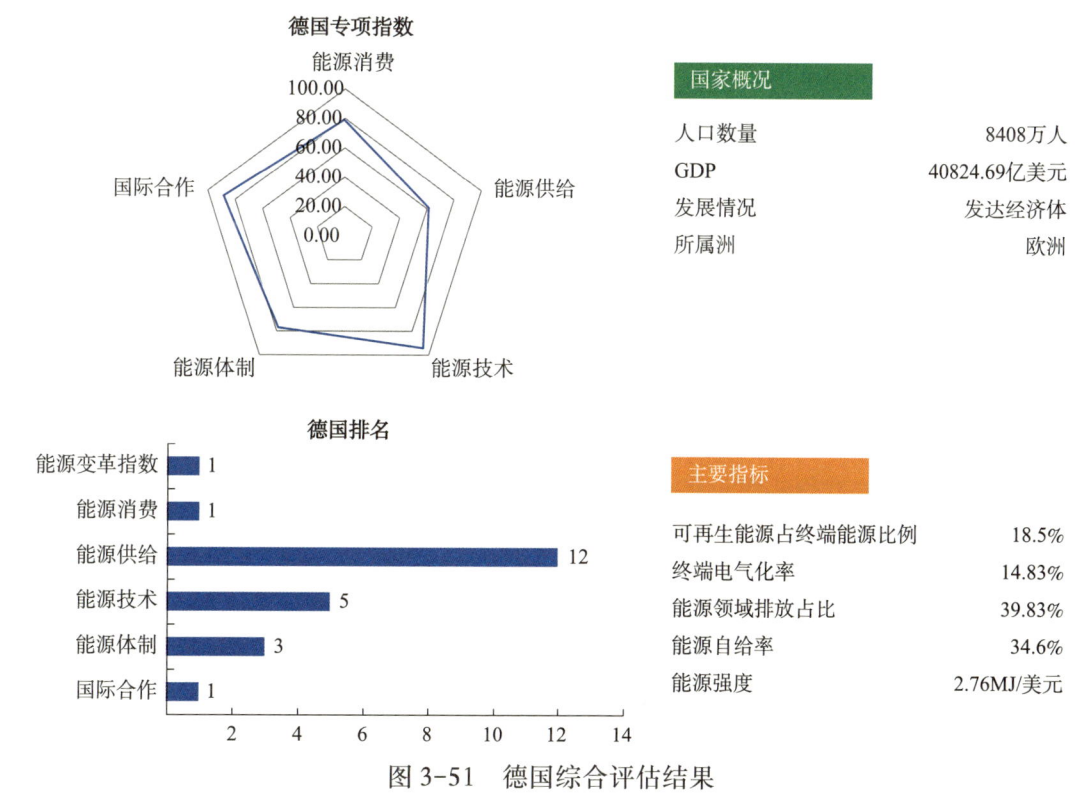

图 3-51　德国综合评估结果

3.7.2 瑞典

瑞典在能源变革指数评估中位居次席，能源供给、能源消费排名均位居前3，整体评估表现较为均衡。在能源供给端，瑞典建立了以水电、风电等可再生能源为主体的电源结构，建立了完善的电力市场化机制，供电可靠性高，在高水平保障本国能源供给的同时也成为整个欧洲电网的重要送端国家，在能源供给评估中排名第1；从能源消费来看，电力领域实现高比例可再生能源发电，建筑领域可再生能源供热领先，工业碳排放水平低，单位产值能耗水平低；在能源政策方面，瑞典提出了更具雄心的2045年实现碳中和的目标，比欧盟2050年的碳中和目标提前了5年，并且建立了较为完善的电力市场化机制。能源技术研发投入大，在水能开发方面具备成熟领先的技术；不足之处主要在于缺乏进一步推动能源转型的动力，在可再生能源供热、降低对天然气依赖等方面以及进一步更大范围推动能源技术应用、促进全球能源变革等方面仍有提升空间。瑞典综合评估结果见图3-52。

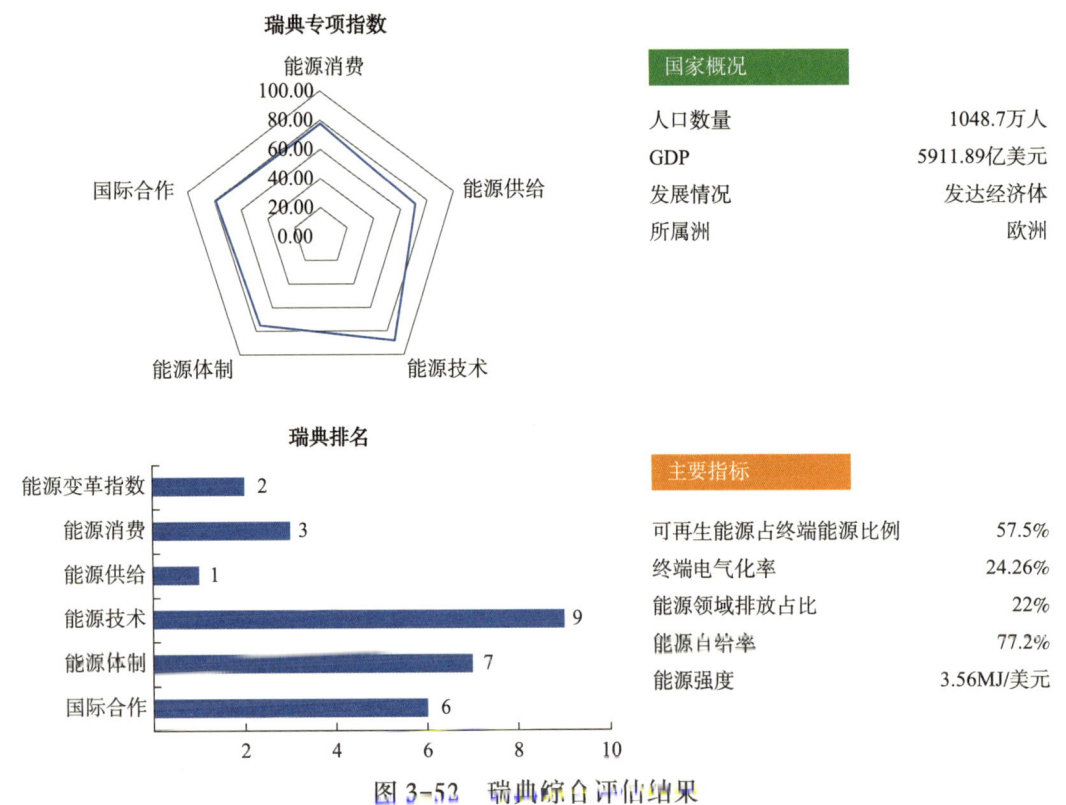

图3-52 瑞典综合评估结果

3.7.3 中国

中国在能源变革指数评估中综合排名第3。作为最大的发展中国家，中国坚持创新、协调、绿色、开放、共享的新发展理念，不断推动能源变革。中国从中央政府层面坚定不移地推进能源变革，可再生能源发电装机规模、新能源汽车销量稳居世界第1；相应领域的制造业飞速发展，产业链完备度大幅提升。能源消费结构显著优化。在一次能源消费中，煤炭消费结构由2013年的67.4%降至2022年的56.2%。2022年，中国单位国内生产总值二氧化碳排放相比2015年下降了超过20%。逐步建立起多元清洁能源供应体系。2022年，中国可再生能源新增装机1.52亿kW，占全国新增发电装机的76.2%，已成为发电新增装机的主体。风电光伏新增装机连续3年突破1亿kW，转型的决心及能源变革推进速度快，变革速度评分最高。国际合作方面，海外清洁能源合作项目、投资总额不断创新高，清洁能源合作开发成为"一带一路"能源国际合作的闪亮名片，对能源变革国际投资和贸易贡献较大。不足之处主要在于化石能源占比仍较高，电力市场化机制仍有待建设完备，未来在供给端结构优化的任务依然艰巨，能源消费总量大，终端电气化水平、能源效率的提升仍面临诸多挑战。中国综合评估结果见图3-53。

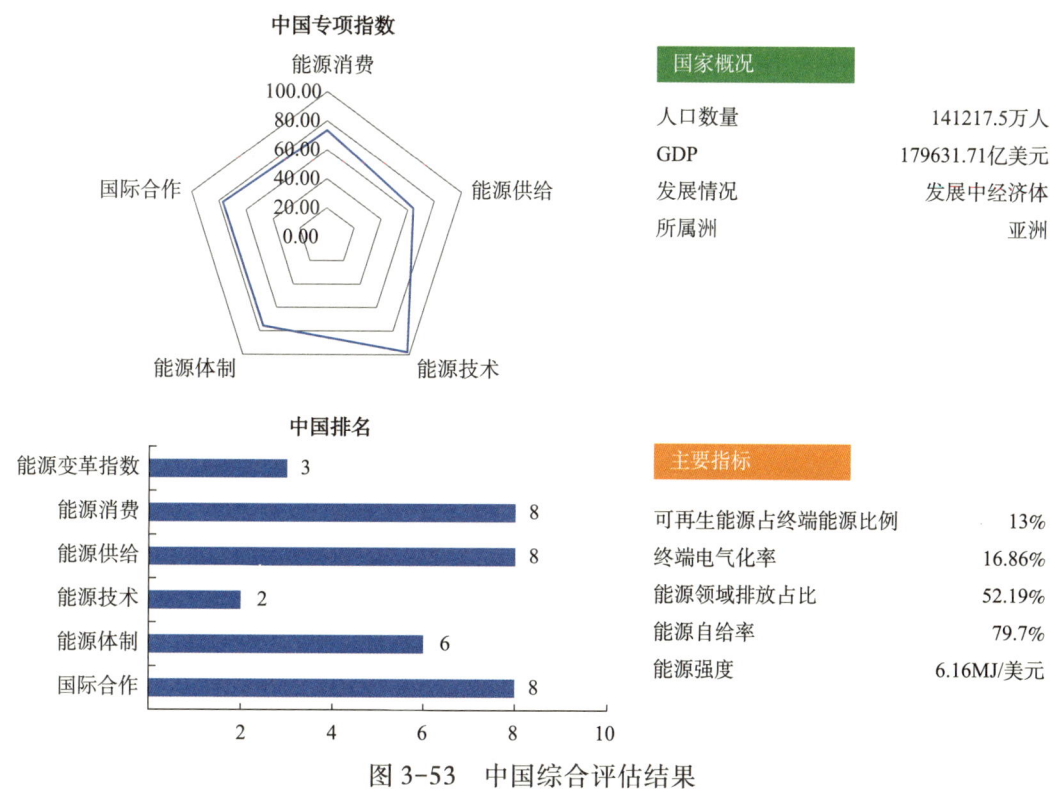

图3-53 中国综合评估结果

3.7.4 英国

英国在能源变革指数评估中综合排名第4，在能源体制、能源技术和国际合作方面的表现较优。从能源体制方面看，从1998年起，英国就建立了完备的油气和电力市场化机制，稳定持续的政策供给支撑了本国的能源安全和稳定发展。从能源技术来看，成熟完备的海上风电技术产业链和制造业为电力安全供给提供保障。从国际合作来看，英国积极参与全球能源治理，在各项全球气候治理的机制中发挥了积极作用。不足之处在于能源供给端，存在对油气资源的过度依赖，以及风电结构占比较大，极端天气情况下电力系统仍存在不稳定运行风险，对核电的支持力度不足，导致多个项目停滞，以及与欧洲主网的联络不足导致风电不稳定，可能危及电网安全运行。在能源消费侧，可再生能源供暖、交通领域的电气化相对滞后也是未来转型的重大挑战。英国综合评估结果见图3-54。

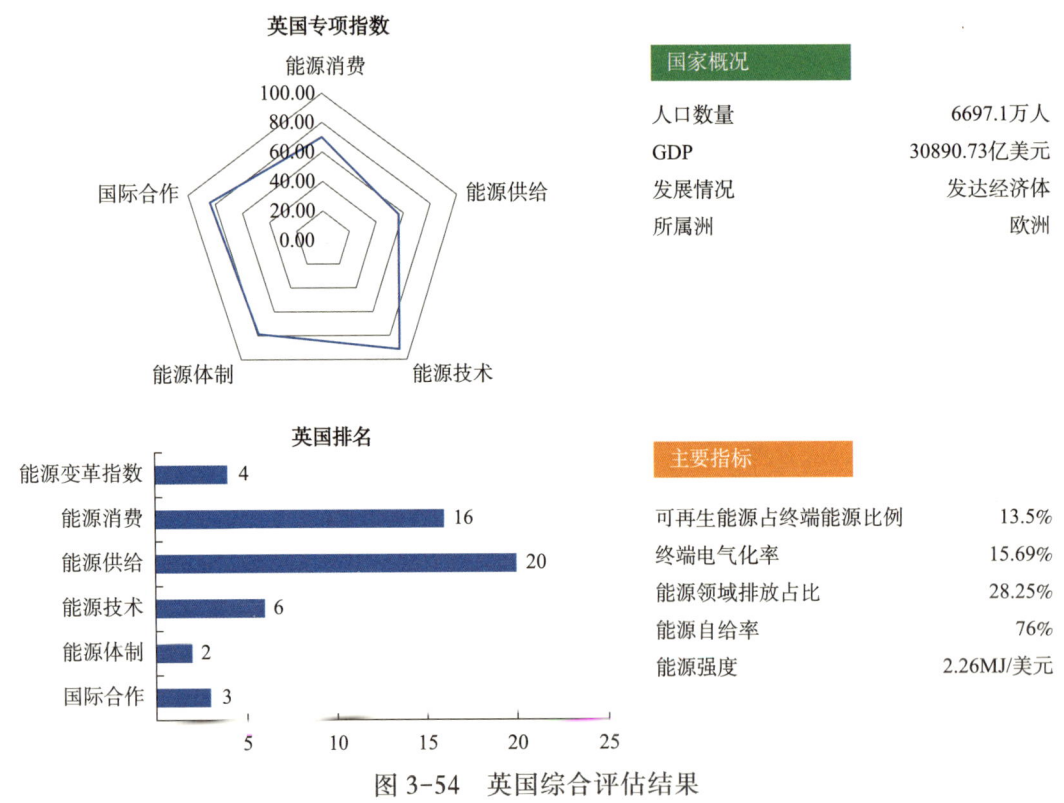

图3-54　英国综合评估结果

3.7.5 美国

美国在能源变革指数评估中综合排名第 5，在能源技术和国际合作方面的表现较优，能源消费和供给表现也较好。美国在能源技术方面处于绝对领先地位，尤其在能源电力领域的大学和研究机构的实力和数量、高端能源电力装备制造、新能源相关初创企业实力、可再生能源相关的创新研发和知识产权保护等方面均表现较好，此外，美国拥有许多世界领先的能源技术公司，如埃克森美孚、雪佛龙、谷歌能源等。在国际合作方面，美国发挥着重要作用，例如积极参与国际能源署和国际可再生能源署等国际能源组织机构；美国同时还向其他国家投入大量的能源发展资金。在能源消费方面，美国在电力消费水平、工业竞争力绩效水平及排放强度、建筑先进供暖以及电动汽车发展等方面表现均较好。在能源供给方面，美国作为能源消费大国，实现近 106% 的能源自给率，同时在能源高效、低碳和清洁供给方面表现亮眼，例如美国的可再生能源发电量和装机容量均位居前列；但是美国在能源体制、可再生能源发展、交通电气化、能源效率提升等方面，仍然面临诸多挑战。美国综合评估结果见图 3-55。

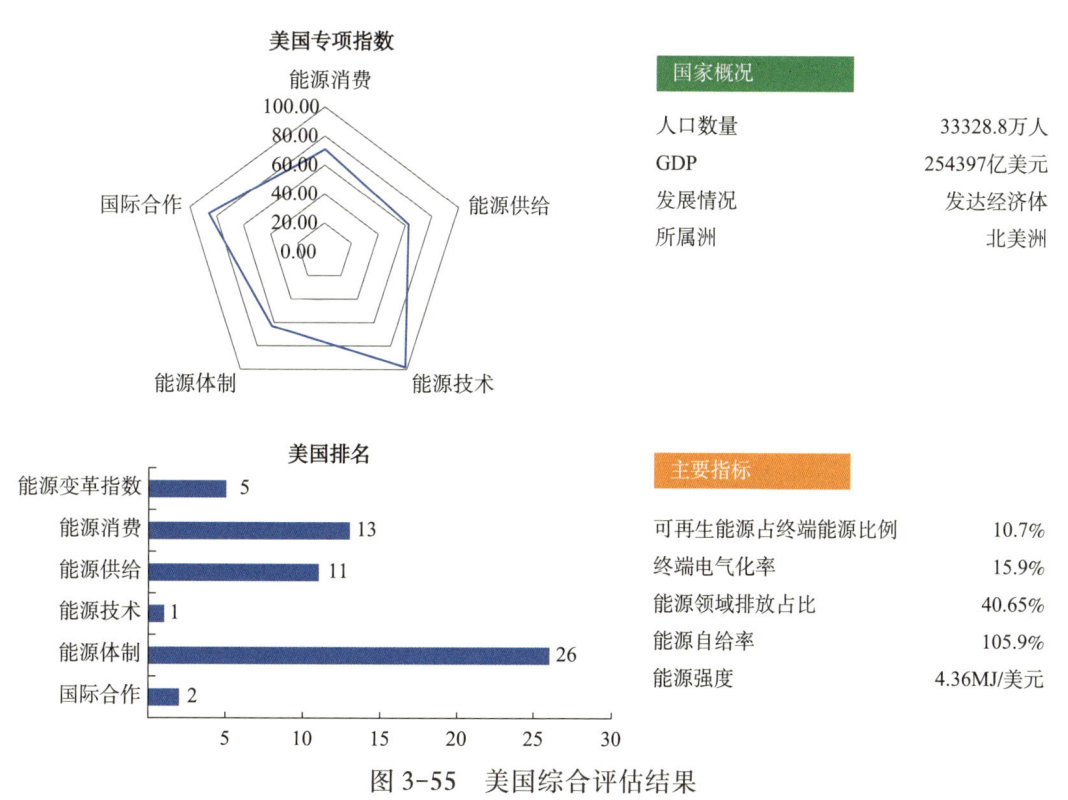

图 3-55　美国综合评估结果

4 能源变革展望

Energy Transition Outlook

4.1 目标与差距

评估表明，全球范围内的能源变革正在发生，但各国各地区的进程差异较大，化石能源仍是能源供应的主体。2015年达成的气候变化《巴黎协定》规定在21世纪将全球气温上升幅度限制在2℃以内，如今该协定已生效8年之久。为进一步研究发展现状和《巴黎协定》目标的差距，结合BNEF《新能源市场长期展望报告2022》中采用的经济转型情景（Economic Transformation Scenario，ETS）和净零情景（Net-Zero Scenario，NZS），本书选取能源体系关键指标进行对比。

在经济转型情景下，全球能源转型主要由关键技术的经济性竞争力变化来推动，假设在如今已实施的政策以外不存在统一的政策行动来加速推动转型。

与没有发生转型的基准情景相比，在这一情景中，可再生能源的快速增长和交通运输行业的电气化令2050年全球能源相关排放减少约一半。由于风电、光伏和电池技术的成本在过去10年中大幅降低（这一趋势在当前通胀危机期间中断，但危机过后会恢复），这些技术在不需要额外补贴的情况下凭借自身优势就可以胜出。到2050年风电和光伏在全球发电量中占比约为2/3。未来30年预计全球新增发电装机容量23TW，其中风电、光伏和电池储能占比将达到压倒性的85%。到2050年，电力部门排放减少57%；受道路交通领域向新能源汽车的转型推动，交通运输业整体排放减少22%。全球煤炭和油气消费量均将在未来10年内达到顶峰，其中煤炭将很快达峰，然后开始下降，油气则分别在2028年和21世纪30年代初出现类似走势。尽管清洁能源快速增长，但经济转型情景离21世纪中叶实现净零还有相当大的差距。到2050年，尽管排放量将减少29%，但不具备碳捕获装置的煤炭和油气燃烧，每年仍将向大气排放246亿吨二氧化碳。这将导致全球温升达到2.6℃，无法实现《巴黎协定》的目标。

净零情景描绘了能实现《巴黎协定》将全球温升控制在2℃以内，且在2050年在全世界范围内实现净零排放的能源系统转型路径。研究表明，在净零情景中，随着清洁发电、电气化的快速发展，以及一定规模的碳捕集与封存和氢能的应用，到2050年，温升将被控制在1.77℃并实现全球净零。

从化石燃料发电转向清洁电力是对全球减排贡献最大的因素，占2022—2050年减排总量的一半。这包括用风电、光伏、其他可再生能源和核电替代未减排的化石燃料。到2050年，全球电力系统由风电和光伏主导，而其余电力由其他可再生能源、核电、氢能和配备碳捕集的燃煤或燃气发电提供。交通运输、工业流程、建筑和供暖的电气化——稳定地使用低碳电力——对减排的贡献位居第二,占这期间减排总量的约1/4。其余减排来自需求侧能效提升和回收利用、氢能、生物质能以及碳捕集与封存,合计约占总减排量的最后1/4。尽管发挥的作用相对较小,但这些技术需求的增长仍然显著。碳捕集与封存能力从2021年的约4000万吨将增长到2030年的17亿吨,到2050年将达到73亿吨。氢用量增长逾4倍,从目前的9000多万吨主要以化石燃料为基础的氢增长至2050年约5亿吨的绿氢。经济转型情景与净零情景下全球关键指标对比见表4-1、表4-2。

表4-1 经济转型情景与净零情景下全球关键指标对比

序号	指标	现状 2022年	经济转型情景 2050年	净零情景 2050年
1	可再生能源占一次能源消费比例(%)	13	30	56
2	可再生能源发电量占比(%)	31	76	83
3	可再生能源装机(GW)	3531	17518	29992
4	电力占终端能源消费比例(终端电气化率)(%)	20	27	45
5	电动乘用车数量(百万辆)	27	914	1346
6	清洁氢占终端能源消费比例(%)	0	0	9
7	能源消费强度(MJ/美元)	6.1	3.0	2.7
8	2022—2050年能源变革累计投资额(万亿美元)	—	120	195

表 4-2　2050 年经济转型情景与净零情景下全球关键指标对比

序号	指标	经济转型情景	净零情景
01	可再生能源占一次能源消费比例	🌀🌀🌀🌀🌀 🌀🌀🌀🌀🌀	🌀🌀🌀🌀🌀 🌀🌀🌀🌀🌀
02	可再生能源装机	🔋🔋🔋🔋🔋 🔋🔋🔋🔋🔋	🔋🔋🔋🔋🔋 🔋🔋🔋🔋🔋
03	电力占终端能源消费比例（终端电气化率）	💡💡💡💡💡 💡💡💡💡💡	💡💡💡💡💡 💡💡💡💡💡
04	电动乘用车数量	🚗🚗🚗🚗🚗 🚗🚗🚗🚗🚗	🚗🚗🚗🚗🚗 🚗🚗🚗🚗🚗
05	能源消费强度	⚡⚡⚡⚡ ⚡⚡⚡⚡	⚡⚡⚡⚡ ⚡⚡⚡⚡
06	2022—2050 年能源变革累计投资额	💲💲💲💲💲 💲💲💲💲💲	💲💲💲💲💲 💲💲💲💲💲

4.1.1 可再生能源开发利用不足

2022 年，全球可再生能源发电装机为 3531GW，同比增长 9.6%，创历史之最，发电量占比为 31%，而 2050 年在经济转型情景和净零情景下这一比例分别为 76% 和 83%。在新增的所有发电装机容量中有 83% 来自可再生能源，其中尽管水力发电在全球可再生能源总装机容量中占比最大，但新增装机容量主要来自太阳能和风能，占全球新增可再生能源装机容量的 90%。尽管可再生能源增长创历史新高，化石燃料仍在能源供应中占主导地位，2022 年全球可再生能源仅占一次能源消费的 13%，而 2050 年在经济转型情景和净零情景下这一比例分别为 30% 和 56%。

在经济转型情景中，为满足不断增长的电力需求，2022—2050 年将部署近 230 亿千瓦的新增发电容量，支持老化的化石燃料资产退役。到 2050 年，可再生能源总发电量占比从 2021 年的 28% 上升至 76%。光伏、风电和电池储能合计占据新增容量的 85%，使建造新的化石燃料和生物质能发电厂的机会有限。假设正在开发的大部分待建核电站会成功建成，但没有任何新的核电、燃氢或 CCS 发电厂是在具有经济竞争力的基础上开发的。风电和光伏装机容量和发电量占比将从 2015 年的 11%

增长到 2050 年的 61%，发电量占比将从 5% 激增到 65%。尽管这一容量建设任务几乎相当于目前全球电力装机容量的 3 倍，但它实际上代表着光伏和风电行业增长放缓。自 2000 年以来，光伏和风电累计装机容量分别每 2.3 年和 4.3 年就翻一倍。2022—2050 年光伏部署仅将翻倍 3 次，而 21 世纪之交以来已翻倍 10 次。自 2000 年以来，风电装机存量已翻倍 5 次，但到 2050 年也仅将翻倍 3 次。

在净零情景中，风电和光伏占总发电量的 3/4 以上。尽管风电和光伏主导增长，风电在发电中发挥的作用也比光伏大得多，然而，考虑到这两种技术的整体扩展范围，这并不意味着光伏增长减弱。到 2040 年未减排的化石燃料发电实际上会消失，余下的化石燃料发电厂或多或少需要碳捕集与封存技术。核电从 21 世纪 30 年代开始也扩大其作用，到 2050 年较经济转型情景中高出约 130%，其他可再生技术（例如地热和生物质能）也显著增加。在净零情景下，2050 年可再生能源占一次能源消费比例为经济转型情景的 187%，可再生能源总装机容量为经济转型情景的 171%，发电量占比比经济转型情景高 7 个百分点。

经济转型情景和净零情景下全球一次能源消费结构变化趋势见图 4-1。

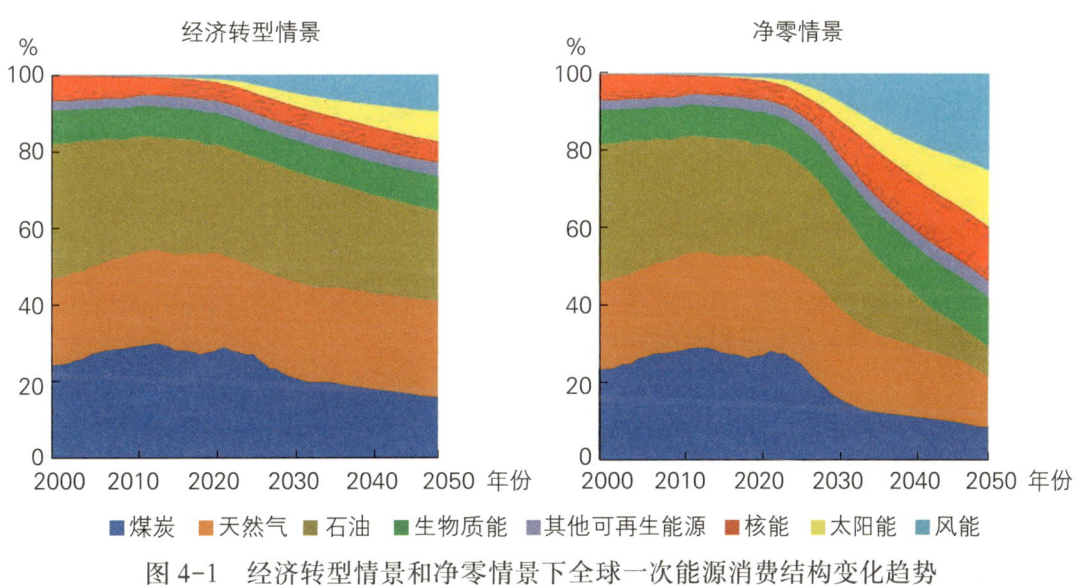

图 4-1　经济转型情景和净零情景下全球一次能源消费结构变化趋势

4.1.2　终端电气化水平较低，氢能利用不足

2022 年，全球电力消费占终端能源消费的 20%。若不进行积极的能源变革，经济转型情景分析结果显示 2050 年这一比例仅增长至 27%，与实现《巴黎协定》净零情景所要求的 45% 相去甚远。

为满足净零情景要求，建筑业的电气化水平需由 2022 年的 33% 提高到 2050 年的 65%；交通业的电气化水平需由 2022 年的 1% 提高到 2050 年的 53%。为此，需要制订更具雄心的电动汽车发展计划；工业领域的电气化水平相对较低，到 2050 年需达到约 42%；氢能利用也需进一步加快，特别是在难以减排的工业领域。

在经济转型情景中，2050 年建筑用电需求迅速增长，2021—2050 年住宅和商业建筑用电需求分别增长 59% 和 57%。负荷增加主要来自发展中经济体的空调和家用电器的应用。在展望期内，这些经济体人口增加，变得更富裕，且气温升高。到 2050 年交通运输是增长最快的电力需求来源，与 2021 年相比，需要增加 57670 亿 kWh 的电能。道路交通的电力需求在 2025 年超过铁路。到 2050 年，道路新能源汽车的电力消耗量是铁路的逾 10 倍，占全球电力需求的 15%。随着制浆和造纸、食品加工和矿业部门的低温加热流程电气化，以及对铝、石化产品和水泥的需求增长，工业用电上升，尽管这些部门的能源结构在经济转型情景下并未发生实质性变化。相比之下，到 2050 年钢铁行业的电力需求减半，取而代之的是天然气和少量氢。

在净零情景下，建筑业能源需求将持续增长到 21 世纪 30 年代中期，届时电气化程度不断上升促使该行业能源需求达峰。电气化的绝对增长也限制了 21 世纪 20 年代的天然气消耗，并几乎淘汰了该行业的煤炭消耗。氢在 21 世纪 30 年代成为建筑业的载体，但在该行业终端能源中并未发挥主要作用。由于广泛电气化，交通运输业的能源需求发生显著变化。从内燃机转向电气化作为原动力，意味着完成驱动车辆行驶的相同工作所需的终端能源要少得多。随着电力供应脱碳，从一次能源到终端能源的能量损失也降到最小。由此产生的结果是，到 21 世纪中叶，石油基本不再使用，同时终端能源消耗总量下降 48%，幅度接近一半。作为道路车辆的燃料，氢发挥的作用有限。但在航运及航空领域，由于难以实现电气化，2050 年航运行业中仅 5% 的能源需求是由电力满足，而 73% 的需求由氢满足；在航空领域，仅 1% 的能源需求由电力满足，而 29% 的需求转向氢。工业领域耗能持续增长，但能源结构发生重大变化。2050 年电力在能源消耗总量中占比 45%，而煤炭和天然气占比到 2050 年分别下降至 5% 和 8%。工业是氢用量最大的领域。从 21 世纪 30 年代中期开始，氢占据了所有新增需求。其中，钢铁制造成为最大的新需求来源，2050 年电力将满足钢铁行业不到 15% 的终端能源需求，而氢占 57%，占当年氢消耗量的 29%（见图 4-2）。到 2050 年，氢需求总量将增长逾 1 倍，达到 5.02 亿吨（194790 亿 kWh）。

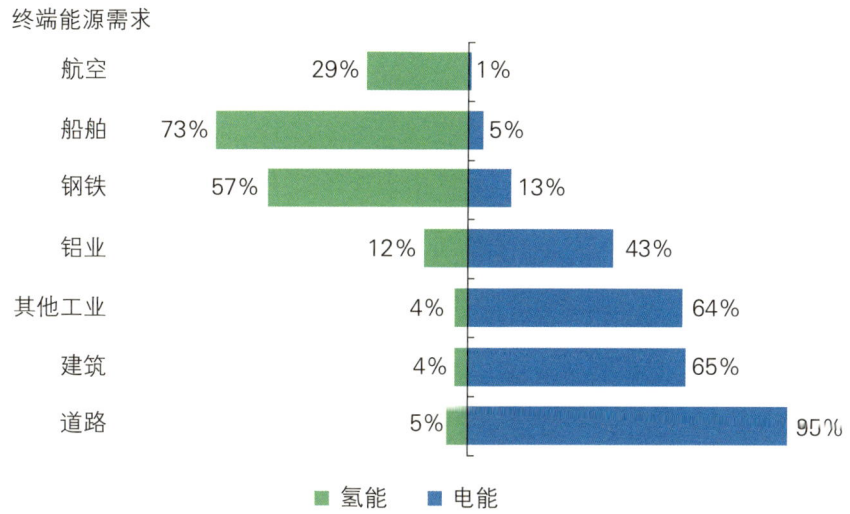

图 4-2　净零情景下 2050 年终端能源需求中氢能与电能的占比

注：其他工业包括低温和中温工业流程。如果氢能和电能的占比之和低于 100%，剩余部分由其他一次能源资源（如生物质能、热或化石燃料）占据。在净零情景下，大部分氢需求增长发生在 2035 年之后。这归因于氢成本降低的预期时间、分配给各行业的碳预算限制以及氢兼容设备的可用性。许多在 2050 年用氢的行业现在尚未开始用氢。氢兼容燃气轮机、锅炉和直接还原炉等技术的商业化需要时间。

4.1.3　能源强度亟待降低，能源效率亟须提升

2022 年，全球平均能源强度为 6.1MJ/美元，经济转型情景、净零情景分析结果显示 2050 年能源强度分别需要降低至 3.0MJ/美元、2.7MJ/美元，现状水平与任一情景对应的发展目标均差距甚大；提高能源效率是控制能源消费总量、降低温室气体排放的重要途径，2020—2022 年全球从一次能源到有效能源的效率基本稳定在 48% 附近，经济转型情景、净零情景分析结果显示 2050 年从一次能源到有效能源的效率分别需要提升至 61%、64%（见图 4-3），现状水平与任一情景对应的发展目标均相去甚远。能源效率对比（按不同情景分列）见图 4-4。

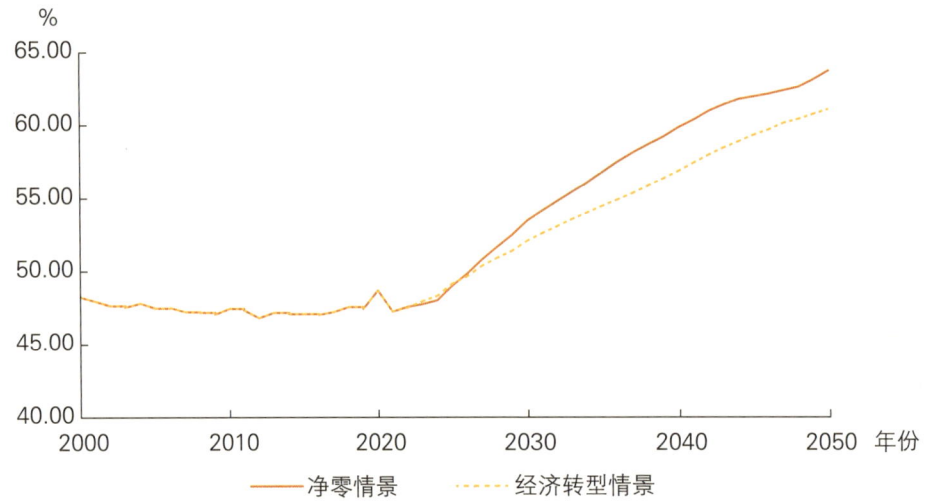

图 4-3　净零情景与经济转型情景能源效率（一次能源到有效能源）

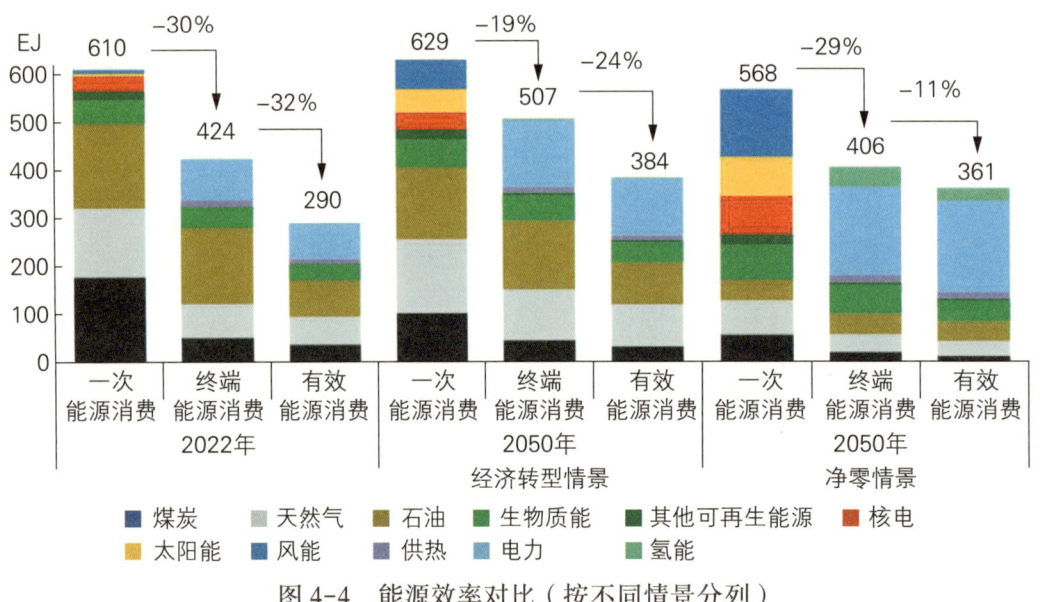

图 4-4　能源效率对比（按不同情景分列）

4.1.4　能源变革投资不足

能源变革需要电力、交通、工业、建筑等各个领域基础设施建设改造和技术创新，2022 年能源变革的投资约 1.1 万亿美元。经济转型情景分析结果显示从 2022 年到 2050 年能源变革累计投资达到 120 万亿美元（年均 4.3 万亿美元），净零情景要求 2050 年投资达到 194.9 万亿美元（年均 7.0 万亿美元）。

推动转型所需的投资分为两大类：能源供应和能源需求（见表 4-3）。一同以来，人们更加强调供应侧，将支出从化石燃料转向低碳能源。然而，流向新能源汽车上市推广和销售的资本大幅增加，极大地释放了需求侧的投资潜力。

表 4-3 推动转型所需的投资分类

能源供应		能源需求	
发电装机容量	低碳、已减排和未减排化石燃料电力来源和储能	热泵	热泵销售
电网基础设施	资产替换、新并网和系统强化	可持续材料	对铝、水泥、塑料和钢铁的回收设施的投资
氢的制备、储存和运输	绿氢和蓝氢的制备、储存和运输	新能源车销售	纯电动和插电式混合动力汽车、公交车、卡车和两轮/三轮车的销售
碳捕集与封存	工业和制氢中二氧化碳捕集、封存与运输的基础设施		
化石燃料流程	煤炭、油气流程的上游、中游和下游部门		

注：供应指燃料和电力的生产和供应；需求指终端用户的燃料和电力消费。

能源供应包括低碳能源和化石能源供应。具体来讲，低碳能源供应包括低碳电力装机容量（可再生能源、核能、储能和已减排化石燃料）、电网基础设施、CCS 设施以及制氢基础设施。化石燃料能源供应包括煤炭和油气流程的上游、中游和下游部门，以及对未减排化石燃料燃烧发电的投资。低碳需求侧投资包括交通运输业的新能源汽车销售、工业中的可持续材料回收工厂以及建筑业的热泵销售。这一范围不包括所有低碳需求侧投资，也不包括对应领域的化石燃料投资，例如作为新能源汽车反面的燃油车销售。

在净零情景下，低碳能源供应投资在 21 世纪 40 年代达到最高水平，为 24.8 万亿美元，高于 30 年代的 23.4 万亿美元和 20 年代的 22.1 万亿美元。在未来几十年中，对 CCS、氢特别是电网基础设施的支出有所增加，在 21 世纪 40 年代需要对最后一项投入 8.7 万亿美元。电网支出重点要放在新接入电网和基础设施强化（即增长资本）上，以加强电力系统，实现净零世界。随着消费下降、清洁政策和法规的增加以及低碳替代品的增加，化石燃料投资在接下来每 10 年都会下降。在经济转型情景下，到 2050 年的能源供应投资比净零情景下少 29 万亿美元，主要原因是低碳供应支出减少；对化石燃料能源供应的投资与净零情景形成了鲜明对比，到 2050 年投资总额为 26 万亿美元，比净零路径高出约 11 万亿美元（见图 4-5）。这一资本支持未来 30 年的煤炭、油气应用，因为它们合计占 2050 年一次能源消费的 64%。

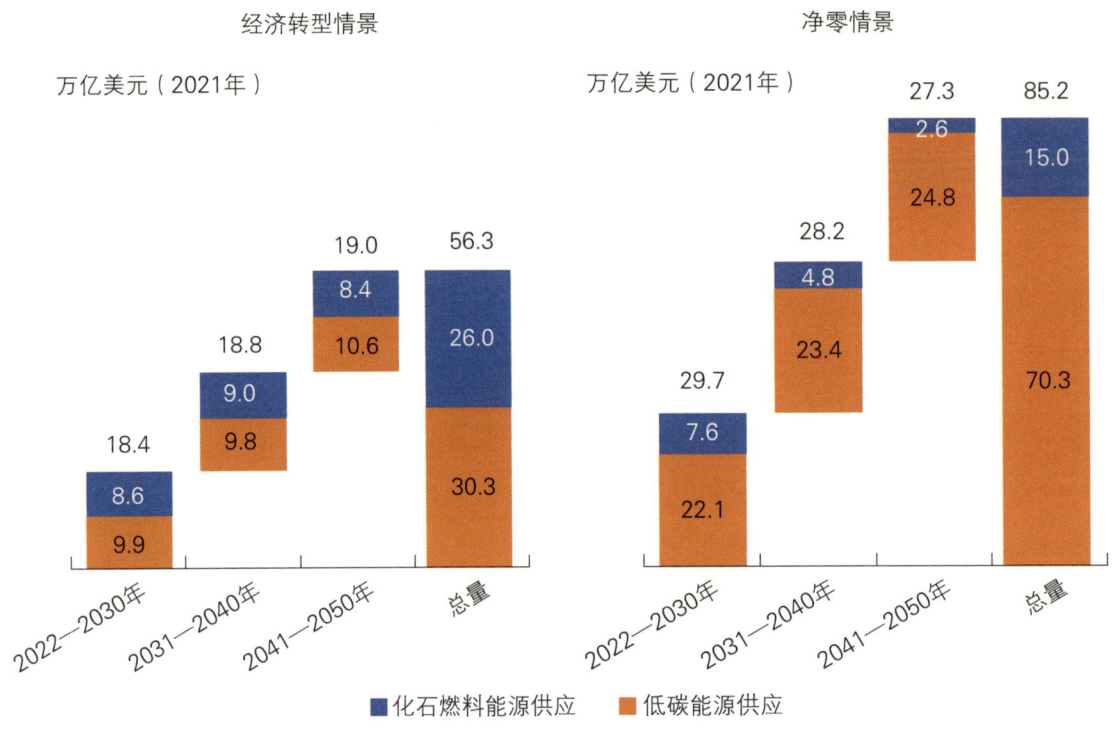

图 4-5　全球对低碳和化石燃料能源供应的投资

到 2050 年，在经济转型情景和净零情景下，需求侧能源投资总额分别为 63.2 万亿美元和 109.0 万亿美元，后者比前者几乎高 75%。与能源供应不同，这些年的支出集中在后期而非前期，21 世纪 40 年代，在经济转型情景和净零情景下，投资额分别为 29.9 万亿美元和 46.9 万亿美元（见图 4-6）。

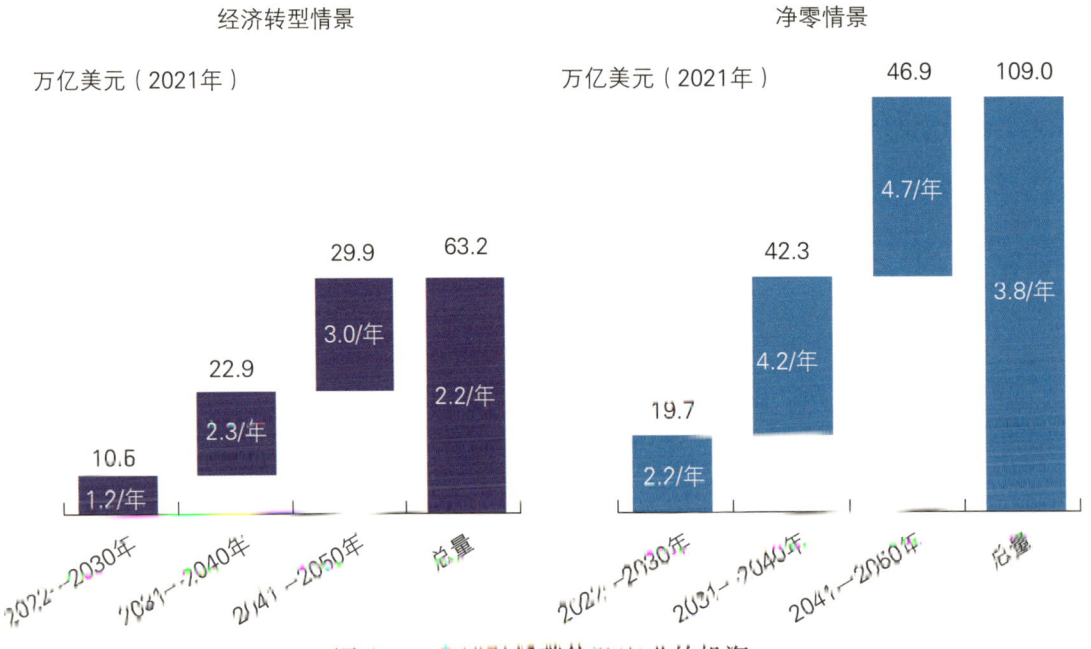

图 4-6　全球对低碳能源需求的投资

注：柱内的数字显示了每 10 年内的年度投资。柱上方的数字显示了每 10 年内的总投资。

21世纪20年代，在两种情景下，低碳能源需求侧投资一开始都低于供给侧投资，但在接下来的几十年中，很快就超过了供给侧投资。21世纪20年代，在经济转型情景和净零情景下，需求侧投资分别为供应侧投资总额的约1/2和2/3。但从30年代开始，这一情况发生逆转，因发电和电网投资停滞，交通运输业迅速实现电气化。到40年代，在经济转型情景和净零情景下，能源需求投资机会分别比供给侧高约57%和72%（见表4-4）。

表4-4 两种情景下全球对低碳和化石燃料能源供应的投资　　　　　　　　　　单位：万亿美元

指标	经济转型情景			净零情景		
	2022—2030年	2031—2040年	2041—2050年	2022—2030年	2031—2040年	2041—2050年
低碳电力	6.2	5.2	5.6	16.7	14.6	14.5
风电	3.5	2.7	2.8	6.1	7.6	5.6
光伏	1.8	1.4	1.5	2.8	2.2	2.5
CCS	—	—	—	3.8	2.6	3.5
电网	3.7	4.6	5.1	5.0	7.6	8.7
氢	—	—	—	0.1	0.7	1.1
CCS（非电力）	—	—	—	0.3	0.5	0.5
捕集——工业与制氢	—	—	—	0.0	0.1	0.1
封存与运输基础设施	—	—	—	0.2	0.4	0.3
低碳供应合计	9.9	9.8	10.6	22.1	23.4	24.8
化石燃料电力	0.8	0.6	0.7	0.8	0.3	0.2
煤炭流程	0.9	0.8	0.7	0.8	0.4	0.3
天然气流程	2.1	2.5	2.5	1.9	1.5	0.9
石油流程	4.7	5.1	4.6	4.1	2.6	1.1
化石燃料供应合计	8.6	9.0	8.4	7.6	4.8	2.6
总计	18.4	18.8	19.0	29.7	28.2	27.3

注：风电和光伏被分开列出，因为它们在低碳电力供应投资中的占比最大。风电包括陆上风电和海上风电，而光伏包括小型光伏、大型地面光伏和光热。碳捕集与封存（CCS，非电力）包括工业和蓝氢生产、储存和运输基础设施的捕集设备。封存与运输基础设施投资包括所有部门的碳捕集。发电的CCS投资包括新建燃煤或燃气电厂的成本。

4.2 问题与挑战

4.2.1 国家能源变革目标的落实执行力度有待提高

尽管发达国家在减少温室气体排放方面做出了承诺，但实际进展往往未能达到预期目标。排放量的减少速度不足以满足《巴黎协定》或其他国际气候协议的要求。根据IEA的研究[①]，在承诺目标情景（Announced Pledges Scenario，APS）下，各国的承诺只涵盖了不到20%的减排差距。虽然各个领域二氧化碳排放都出现了下降的趋势，其中电力领域将呈现有史以来最大的降幅，但不足以有效控制全球的温升趋势。

相较于能源变革目标的提出，目标的落实与执行更加重要，而当前部分国家采取的支持政策和措施无法确保其能源变革目标如期实现。在一些情况下，政策和立法的制定与实施进程缓慢，无法为能源转型提供必要的法律和政策支持。在IEA的既定政策情景（Stated Policies Scenario，STEPS）下[②]，电力领域排放量的下降将被工业和重型运输领域碳排放的增长所抵消。虽然全球能源需求净增长基本由清洁能源满足，但是仅仅只能将排放量保持在当前水平。

许多发达国家仍然在很大程度上依赖化石燃料，特别是在交通和工业领域。摆脱对化石燃料的依赖速度不如预期。尽管技术创新是推动能源转型的关键，但在一些发达国家，新技术的研发和部署受到资金、市场或监管的限制。

总的来说，虽然许多发达国家在能源转型方面做出了努力，但在实际进展、政策实施、技术创新和国际合作等方面仍面临挑战、存在不足。这些问题需要通过更加坚定的政治承诺、有效的政策措施和更高水平的国际协作来解决。

4.2.2 当前技术结构和基础设施不足以承担新型能源体系构建任务

现有能源体系是以化石能源为主体建立起来的，在理论基础、技术路线、基础设施和配置策略等方面均无法满足以非化石能源为主体的新型能源系统发展需求。随着风光新能源渗透率的不断提升，

---

① IEA. World energy Outlook 2021, 2022。
② IEA. World energy Outlook 2021, 2022。

上述矛盾与制约将更加凸显。

传统化石能源主要以内燃机、汽轮机、燃气轮机等技术设备实现化学能向其他能量形式的转换，以油气管网、机车船舶实现能源大宗商品空间运输，改进相关设备技术参数，提高能源转化、传输和利用效率，保证生产运输和使用过程安全是该体系下追求的基本目标。随着电能在远距离传输和终端清洁利用等方面的优势凸显，各国纷纷开始构建以化石能源发电和高压交直流输电为核心的电力系统。由于化石能源易用易储、能量密集，配合灵活可控、支撑稳定的火电机组和安全高效的输配电网，传统电力系统得到迅速发展，成为迄今为止世界上最为复杂庞大的人造系统。

化石能源弊端开始显现后，风电、光伏等可再生能源发电登上历史舞台，但现有电力系统技术和基础设施难以适配大规模可再生能源发电作为主力电源，电力系统面临的风险正逐步加剧。第一，风光随机性、波动性、间歇性给全系统电力电量平衡带来巨大挑战，在灵活性、支撑性资源配备存在缺口的情况下，发生局域性、时段性电力短缺的可能性越来越大。第二，传统电力系统以大型同步发电机作为供电主体，提供电能量的同时还为系统频率、电压的调节和稳定贡献力量。相比之下，风光发电并网所依赖的电力电子器件存在低承载力和弱支撑性特点，高比例接入将降低系统惯性、增加震荡概率，严重透支电力系统的安全稳定裕度。第三，分布式可再生能源海量并网，现有配电网结构和运行方式无法承载适应，造成难消纳、过电压等一系列问题。第四，可再生能源对于电力系统的数智化程度要求更高，目前相关软硬件设备还在研发和部署当中，与实现全系统资源高效整合目标尚有不小距离。第五，对于氢能，传统设施目前无法实现绿氢大规模、低成本制备、储运和应用。

4.2.3 现有市场机制和配套政策尚无法充分匹配能源转型需求

传统化石能源体系下，各国根据资源禀赋、经济社会发展阶段建立起适应本国国情、符合本国利益的计划和市场政策体系。这种以化石能源为基础的能源政策体系无法完全满足能源转型的需求。

现有的能源市场往往以化石燃料为主导，这些传统能源市场的结构和运作机制不利于新能源技术的引入和发展；现有市场机制常常未能充分内化化石燃料使用的环境成本，如温室气体排放和空气污染，这导致可再生能源在市场竞争中处于不利地位；传统能源领域往往享有较多的政府补贴和支持，而对可再生能源的支持相对较少，这影响了能源市场的公平竞争；现有能源市场的基础设施，如电网系统，可能不适应可再生能源的接入和分布式能源的需求；现有的市场规则和运营模式可能不适合新兴的能源技术和业务模式，如需求响应、储能和智能电网技术；可再生能源项目往往面临更高的前期成本和市场风险，现有的市场机制可能无法提供足够的风险缓解措施和资金支持；现有市场机制可能未能提供足够的激励和支持，以促进能源技术的创新和发展，特别是在初创企业和新技术方面；消费者可能由于缺乏信息或市场选择有限而无法选择更清洁的能源。

为了支持能源转型，需要调整和改革现有的能源市场机制，包括改善政策环境、提高市场透明度、促进技术创新、建设必要的基础设施，以及确保市场竞争的公平性等。这些改革将有助于更好地满足能源转型的需求，推动向更清洁、高效和可持续的能源系统转变。

4.2.4 逆全球化阻碍全球能源变革进程

当前百年变局加速演进，地区冲突与地缘政治风险加剧，单边主义、保护主义抬头，逆全球化思潮泛起。逆全球化趋势在多个层面阻碍能源转型的进程。国际合作减少：能源转型需要全球层面的合作，包括技术交流、资金流动和政策协调。逆全球化可能导致国际合作机制弱化，从而限制这些关键领域的合作。贸易壁垒增加：逆全球化常伴随着保护主义和贸易壁垒的上升，这可能导致能源技术和设备的贸易成本增加，阻碍清洁能源技术的全球传播和应用。资金流动限制：全球化促进了资本的自由流动，这对于资金密集型的能源项目尤为重要。逆全球化可能导致资金流动受阻，影响到能源转型项目的投资和融资。技术创新和传播减缓：全球化加速了技术的创新和传播，逆全球化趋势可能减缓这一进程，特别是在清洁能源和能效技术方面。环境标准的不一致：全球化有助于形成一致的环境保护标准和政策。逆全球化可能导致不同国家或地区在环境标准和气候政策上的分化，影响全球气候行动的统一性和效率。国际投资减少：逆全球化可能导致国际投资者对跨国能源项目的信心下降，从而减少对发展中国家及新兴市场的能源投资，这些地区往往是能源转型最为迫切的地方。政治和经济不稳定：逆全球化可能加剧政治和经济的不稳定性，这对于长期、大规模的能源转型项目来说是一个重大风险。公众意识和支持下降：全球化促进了关于气候变化和可持续发展的全球意识形成，逆全球化可能削弱这种共识，减少公众对能源转型的支持。

同时，在全球能源治理与合作过程中，逆全球化思潮将对各方利益考量产生负面影响，大国博弈长期化趋势将导致不同治理理念之间的共识性趋弱，竞争性增强，各治理理念下各国对如何维护多边主义将存在诸多分歧，理念间的交锋也将更加激烈。能源消费国与出口国之间、不同能源消费国或出口国之间、不同能源通道国之间，将围绕自身经济利益、地缘政治、军事战略等展开博弈，阻滞全球能源变革的进程，影响可持续发展目标的实现。

4.2.5 对发展中国家的支持援助仍然不足

应对气候变化是全人类的共同挑战。与发达国家相比，发展中国家在资金、技术、产业、体制与国际合作等方面基础相对薄弱，其推动能源变革所面临的挑战与困难更大。造成这种不平衡背后的原因是多方面的。

发展中国家可能将经济增长视为首要任务，因此在应对气候变化方面的投资和努力相对较少；尽管国际社会已经设立了多个气候基金，但实际上很多承诺的资金并未充分到位，导致发展中国家所获得的资金支持不足。发达国家可能会将更多的资源投入到自身的气候变化应对措施中，而对发展中国家的支持相对较少；发展中国家在获取和应用先进的气候变化应对技术方面面临诸多障碍，包括高昂的成本和复杂的知识产权纠纷；国际关系和政治因素也可能影响对发展中国家的气候变化支持和援助，特别是在地缘政治紧张或利益冲突的情况下；一些发展中国家面临自身的政治、经济和社会挑战，这可能影响它们在应对气候变化方面的能力和努力。对气候变化的认知和重视程度在不同国家间存在差异，这可能影响对发展中国家的支持和援助。

总体来看，发展中国家得到的国际社会支持相对有限，不足以支撑其步入与实现《巴黎协定》目标相匹配的能源变革道路。

4.3 路径与建议

4.3.1 加快可再生能源开发利用，加速构建新型能源体系

加快可再生能源的开发和利用、构建新型能源体系以及深入推进市场化改革是应对当前全球能源和环境挑战的关键举措。

加快可再生能源的开发是一个多方面的过程，涉及政策、技术、经济和社会等多个层面。

政策支持和激励措施： 政府应制定鼓励可再生能源发展的政策，包括税收优惠、补贴、配额制度和绿色信贷等。这些政策可以降低可再生能源项目的初始成本，吸引更多的投资。

技术创新和研发投资： 加大对可再生能源技术的研究和开发投资，提高能源效率，降低成本，包

括太阳能电池板、风电机组、储能、氢能等解决方案的技术创新。

基础设施建设和升级：建设和升级电网和储能调节系统，以适应可再生能源的接入、存储和传输。

市场机制和贸易：发展有效的市场机制，促进可再生能源的交易和分配。例如，建立可再生能源证书交易系统，鼓励清洁能源的消费。

公众意识和教育：提高公众对可再生能源重要性的认识，通过教育和宣传活动增强公众的参与和支持。公众意识的提高有助于创造一个对可再生能源更加友好的社会环境。

多元化投资渠道：鼓励私人投资和公私合作，吸引更多资本流入可再生能源领域。

构建新型能源体系是保证可再生能源供给的重要环节。注重水电等优势传统能源与风电、光伏、氢能等新能源的多能互补、深度融合，推进源网荷储一体化，推动水风光一体化，加快建设新型能源体系。

4.3.2 提升终端电气化率，加快推动氢能应用

(1) 推进终端电气化率提升的主要措施

提升终端电气化率对于能源变革有着重要的意义。提升终端电气化率是一个复杂的过程，需要多方面的努力和长期的规划。以下措施可以有效推进电气化率的提升。

政策支持与法规制定：政府可以通过制定鼓励电气化的政策，如提供税收优惠、补贴、低利率贷款等，来促进电气化产品的使用。同时，出台相应的法规限制高排放、高耗能产品的使用。

基础设施建设：加强电力基础设施的建设和升级，特别是在充电设施、电网容量和智能电网技术方面，以支持更广泛的电气化应用。

技术研发和创新：鼓励和支持企业进行电气化相关技术的研发和创新，提高电气化产品的性能和效率，降低成本。

市场激励机制：通过市场机制，如绿色认证、能效标签等方式，引导消费者选择更环保、更高效的电气化产品。

可再生能源的整合：促进电气化与可再生能源（如太阳能、风能、灵活调节水电、抽水蓄能）的结合，确保电气化过程的环保性和可持续性。

行业合作和标准制定：促进不同行业间的合作，共同推动电气化技术的发展和应用，制定统一的行业标准和规范。

国际合作与经验分享：在电气化领域内进行国际合作，共享成功经验，共同解决技术和政策难题。

逐步淘汰落后产能：逐步淘汰高污染、高能耗的传统设备和工艺，鼓励采用更加环保和高效的电气化解决方案。通过这些措施的综合运用，可以有效地推动社会和经济的电气化进程，实现环境保护、能源效率提升和经济可持续发展的目标。

（2）推动氢能应用的关键措施

推动氢能应用是实现清洁能源转型和减少温室气体排放的重要途径。可通过以下关键措施来推动氢能的应用。

政策支持与激励机制：政府可以通过制定支持性政策，如提供研发资金、税收减免、补贴等，来促进氢能技术的发展和商业化。此外，制定合理的氢能使用标准和安全规范也是必要的。

研发投入和技术创新：加大对氢能技术研发的投资，特别是在氢的生产、储存、运输和应用技术方面，以降低成本，提高效率，加速氢能的商业化进程。

基础设施建设：建设必要的氢能基础设施，包括氢气生产设施、储存设施、加氢站等，以支持氢能的广泛使用。

推动清洁氢能源的生产：促进使用可再生能源来生产氢气，确保氢能的清洁和可持续性。

市场和产业链发展：培育氢能市场，发展与氢能相关的产业链，包括氢燃料电池车辆，促进氢能在化工冶金、工业加热等领域的应用。

合作与协调：在国际、国内各级政府、企业、研究机构之间建立合作机制，共同推进氢能技术的发展和应用，特别是相关标准的制定。

示范项目与试点城市：实施氢能示范项目和建设试点城市，以展示氢能的实际应用效果和潜力。

监管和安全标准：确保氢能应用的安全性，制定严格的监管标准和安全指南。通过这些综合措施的实施，可以有效推动氢能的发展，促进氢能成为未来能源体系的重要组成部分，实现能源的清洁、高效和可持续利用。

4.3.3 降低成熟技术应用成本，加大前沿技术研发力度

加速普及已经具备经济性的成熟清洁能源技术，是促进可持续发展和应对气候变化的关键。以下是一些有效的方法。

技术创新和成本降低：继续支持清洁能源技术的研发，以进一步降低成本并提高效率，例如投资更高效的太阳能电池和风力发电技术。

市场机制优化：通过建立和完善清洁能源市场机制，如绿色证书、碳交易市场等，为清洁能源创造更有利的市场环境。

制定和执行能源效率标准：通过制定严格的能源效率标准，促进清洁能源技术的使用，如对建筑和设备的能效要求。

加强国际合作：通过合作，了解各国对清洁能源产业的需求，切实解决各国对供应链安全、产业升级以及就业等多方面的诉求，减少不必要的贸易壁垒和重复投资。

加大前沿能源技术研发力度是实现能源转型和应对全球气候变化的关键。以下是一些策略和措施。

增加公共资金投入：政府可以增加对前沿能源技术研发的预算投入，提供必要的财政支持，这包括直接资助科研项目、设立专项研发基金以及支持大学和研究机构的相关研究。

鼓励私人投资：通过税收优惠、补贴、风险投资等方式鼓励私营部门对新能源技术进行投资，例如为投资清洁能源研发的企业提供税收减免或补贴。

跨部门和跨学科合作：鼓励不同学科和行业间的合作，促进知识和技术的交流与融合，例如能源科技与信息技术、生物科技等领域的结合。

建立研发合作网络：通过国际合作项目，与其他国家的研究机构和企业共享资源、知识和技术，共同推进前沿能源技术的发展。

创新驱动的教育体系：在高等教育和职业教育中强调创新和实践能力的培养，为能源技术研发培养合格的人才。

政策和法规支持：制定支持性的政策和法规，为新能源技术的研发和应用提供良好的法律环境，例如简化新能源项目的审批流程。

技术示范和应用推广： 通过示范项目展示新能源技术的潜力和实用性，提高社会对新能源技术的认识和接受度。

4.3.4 建立健全适应能源变革的政策体系和市场机制

经历了前三次的能源革命，全球已经形成了以化石能源为主体的能源供给和消费体系，化石能源的退出意味着对当前能源系统的重塑。政策在能源转型过程中扮演着至关重要的角色。有效的政策可以加速能源系统从依赖化石燃料向更清洁、可持续的能源来源转变，并做到"先立后破"，保证在新能源安全可靠供给的基础上，实现传统能源的有序退出。

政策为能源转型提供了明确的方向和框架，帮助各方协调努力，共同朝着确定的目标前进。需要制定清晰的能源变革目标及规划，制定配套政策和激励措施，加强目标落地落实保障力度，逐步健全能源宏观调控制度，不断完善适应能源绿色低碳转型的体制机制和政策体系；政府可以通过财政补贴、税收优惠、绿色信贷等手段为清洁能源项目提供直接的经济激励，吸引更多的投资；政策可以帮助消除市场壁垒，确保新兴能源技术在公平的条件下与传统能源竞争，例如消除对化石燃料的补贴，实施碳定价；通过政策支持研发活动，政府可以推动能源技术的创新，降低清洁能源技术的成本，提高其竞争力；政策可以确保能源转型过程中的能源供应稳定性和可持续性，避免对某一能源形式的过度依赖。

具体来看，在化石能源政策方面，推动化石能源补贴改革，减少对化石能源使用的隐形、不合理补贴，引导市场主体减少化石能源相关投资，推动化石能源从能源供给主体向支撑性和调节性能源转变。在清洁能源政策方面，实施鼓励和支持清洁能源发展的政策，建立健全绿色电力证书等绿色能源消费促进机制，在工业、建筑等重点用能领域加强清洁替代，通过建立统一电力市场、完善分布式发电市场化交易等方式构建适应绿色能源低碳转型的市场体系，探索建立促进绿色能源新技术、新业态发展的体制机制，优化项目审批流程、激发市场活力，吸引更多的民营资本加入到能源变革的进程当中。

市场化改革对于新型能源系统的建设和发展起着至关重要的作用。市场化改革可以增强能源市场的竞争性，激励企业投资研发新技术和服务，以提升效率和降低成本。这种竞争环境有助于推动技术创新，加速新技术的开发和应用。在市场化机制下，能源资源的分配更多地依赖于市场供需关系，从而提高资源配置效率，这有助于确保能源供应与社会经济需求相匹配。市场化改革有助于形成更为真实和灵活的能源定价机制。真实的价格反映了能源生产的真实成本，包括环境成本，从而促进消费者和生产者做出更加环保和高效的能源使用决策。市场化改革通常伴随着消费者选择权的增加，消费者可以根据价格、服务质量和环保标准来选择能源供应商，以激励企业提供更好的服务和产品。为适应市场化环境，政府需要调整和优化相关的政策和监管框架，以确保市场的公平竞争和有效监管，同时保障环境友好和公共利益。

4.3.5 完善全球能源治理格局

从原则层面来看，各个治理主体应将发展始终置于国际议程中心位置，加强全球、区域、次区域、国别层面发展战略对接，积极推动能源领域倡议同联合国发展议程形成合力，实现优势互补、联动发展。坚持共同但有区别的责任和各自能力原则，推动全球能源治理朝着更加包容、普惠、开放、公正的方向发展。国际社会需要信任而非猜疑、团结而非分裂、合作而非对抗，应坚持和践行多边主义，反对单边主义和贸易壁垒，携手推动可持续发展目标实现。

从具体建议层面来看，可以从以下方面着手。

加强国际合作： 国家间的合作对于解决全球能源问题至关重要。这包括共享能源技术、协调能源政策，以及在全球范围内制定统一的能源标准和规范。

建立多边机构和框架： 通过现有的国际机构（联合国、国际能源署、国际可再生能源署）或创建新的多边机构来促进全球能源治理，这些机构可以作为各国间协商、合作和决策的平台。

促进信息和技术共享： 建立机制促进能源数据、信息和技术的共享，可以帮助各国了解全球能源市场的动态，促进先进能源技术的传播和应用。

促进公平和包容性： 考虑到不同国家的发展水平和需求，特别是支持发展中国家在能源转型中的需求，确保全球能源治理体系的公平性。

强化法律和政策框架： 通过国际法律和政策框架，为全球能源治理提供法律支持和政策指导。

4.3.6 加大对发展中国家能源变革支持力度

加强对发展中国家的技术援助和资金支持，协助发展中国家建设清洁能源系统融资机制和投资政策，着力推动发展中国家绿色低碳发展。

发达国家和国际组织可以通过直接资金援助、低息贷款、赠款等方式支持发展中国家的能源项目。政府、国际金融机构、全球公共基金需通力合作，调动更多公共资金投入到具有巨大潜力但难以吸引私人投资的地区和国家。公共部门可以利用政府财政支出、优惠融资和担保债务、股权和资产（如输电线路）的直接所有权，以及免税和电力购买协议等财政政策和法规，将公共资金引向有需求的领域，如支持结构变革和公正转型的政策设计等。

私营部门应采取更具包容性的融资风险定义，同时各国也需出台相关政策，以纠正那些表现为负面社会、经济和环境外部效应的市场失灵现象，进而推动私营资金与更广泛的公共社会目标相结合。

与此同时，需要促进先进能源技术与发展中国家共享，向发展中国家转移，包括可再生能源技术、能效提升技术等。同时，通过教育和培训项目提高发展中国家在能源领域的专业知识和技术能力，例如提供能源管理和可持续能源规划的培训；需要提供专家咨询和技术支持，帮助发展中国家制定有效的能源政策和规划，以及建立相关的监管框架。以上这些措施的设计应循序渐进，并确保经济利益的公正公平分配。

5 结语
Conclusion

当前，百年变局加速演进，国际形势复杂多变，能源安全、气候变化等全球性危机日益严峻，能源变革迫在眉睫。为保障能源普惠安全、实现 21 世纪中叶或前后碳中和等愿景，我们需要进一步加快能源变革进程。具体包括：推动构建清洁低碳、安全高效的能源体系；大幅提升能源效率，推动以电气化为核心的能源消费变革；坚持创新驱动，加强绿色低碳前沿技术攻关，推动产品成本下降；设定更有雄心的能源变革目标，实施更加有效的能源变革支持政策；坚持多边主义，加强知识、经验、技术与资金等方面的国际合作，推动构建人类命运共同体。

推动能源变革，守护绿色家园，促进可持续发展是全人类共同的责任和使命。在这个机遇与挑战并存的关键时刻，我们更应凝聚共识、积极行动。在此，我们呼吁各国政府、国际组织、企业机构、科研院所、社会公众携手合作，共同推动能源变革、共同构筑一个清洁美丽的世界。